Dietmar Bruckner | Jo Seuß

111 Orte in Nürnberg, die man gesehen haben muss

Mit Fotografien von Valentin Seuß

111

emons:

Bibliografische Information der Deutschen Nationalbibliothek
Die Deutsche Nationalbibliothek verzeichnet diese Publikation in der Deutschen Nationalbibliografie; detaillierte bibliografische Daten sind im Internet über http://dnb.d-nb.de abrufbar.

MIX
Papier | Fördert gute Waldnutzung
FSC® C083411
www.fsc.org

Gestaltung: Eva Kraskes, nach einem Konzept von Lübbeke | Naumann | Thoben
Kartografie: altancicek.design, www.altancicek.de
Kartenbasisinformationen aus Openstreetmap,

Druck und Bindung: CPI – Clausen & Bosse, Leck
Printed in Germany 2023
Erstausgabe 2012
ISBN 978-3-7408-2177-7
Aktualisierte Neuauflage Dezember 2023

Vorwort

Der Adler befindet sich zwar im Nürnberger Stadtwappen, aber wenn ein Tier ernsthaft für die Frankenmetropole steht, dann ist es: der Hase, der folgerichtig auch den Titel der Neuauflage dieses Buches ziert. Natürlich handelt es sich um den Hasen des großen Meisters Albrecht Dürer, den Konzeptkünstler Ottmar Hörl 2003 in seinem »Großen Hasenstück« 7.000-fach am Hauptmarkt aufleben ließ. Aber nicht nur dem Dürer'schen Langohr begegnet man in dieser Stadt: Zwei rote Rammler der Bühnenbildnerin Rosalie hängen beim Plärrer-Hochhaus in luftiger Höhe, ein monströses Exemplar ziert den Tiergärtnertorplatz, und Feldhasen hoppeln im Knoblauchsland, im Pegnitztal oder am Rathenauplatz herum. Nicht zu vergessen: der Hasenbuck, wo nachts im Z-Bau tierisch die Post abgeht. Einer von 111 Orten, die man in Nürnberg gesehen haben muss.

Im Vergleich zur Premiere anno 2012 finden Sie 53 neue Orte und 58 runderneuerte Texte, die beweisen, dass hier viel in Bewegung ist. Das untermauert etwa die Nordkurve, die nicht nur im Max-Morlock-Stadion, sondern auch in Gostenhof ein Kult-Ort ist; das beweisen die besondere Eine-Welt-Villa, der nagelneue Quellepark und der inklusive Marktplatz Marienberg. Und während in der Altstadt ein Nashorn aufgetaucht ist, lauert hinterm Stadtpark der unverwüstliche Gregor Samsa.

Unser Buch, das mit dieser Auflage aktualisiert wurde, möchte Sie (ver)führen und ein Kumpel beim Streunen durch die Stadt sein. Hilfreich ist es, wenn man folgende Definition für Nürnberg versteht, in der die Hasen eine zentrale Rolle spielen. Sie lautet: »Wo die Hasen Hoosn und die Hosen Huusn haaßn«. Ein Dialektfiesling, den Touristen, Zugereiste und selbst Einheimische oft erst langsam kapieren. Wem es gelingt, der fühlt sich schlagartig heimisch. Na denn: Naus auf die Gass. Viel Vergnügen beim Schmökern und Herumstreifen mit Adlerauge, Pferdelunge und gespitzten (Hasen-) Ohren!

111 Orte

1 Die A-73-Unterführung

Irrer Kosmos an der Fürther Stadtgrenze

»Kosmo« und »Error« steht dick am Rand der Unterführung am äußersten Zipfel von Schniegling. Das macht neugierig. Befinden wir uns doch unter der Stadtautobahn A 73, die offiziell »Frankenschnellweg« heißt, wegen der tagtäglichen Staus in diversen Abschnitten aber eher ein »Frankenkriechweg« ist. Deswegen läuft ein lokalpolitischer Dauerstreit zur Frage, ob ein mindestens 700 Millionen Euro teurer Ausbau mehr Nutzen oder Schaden hat.

Ein heikles Thema, das unter dieser A-73-Unterführung keine Rolle spielt. Hier, wo die Pegnitz rauscht und gurgelt, sind nur Radler, Skater, Jogger und Fußgänger unterwegs. Die kräftige Sandsteinmauer stammt aus dem 19. Jahrhundert, als die Ludwigseisenbahn neben dem Alten Kanal eine Strecke nach Norden bekommen sollte. Statt Züge rasen längst Autos vorbei – und das exakt über der Nürnberg-Fürther Stadtgrenze, die laut Stadtplan schräg unter der A-73-Unterführung verläuft. Mangels Grenzstreifen ist offen, wo Nürnberg aufhört und wo Fürth beginnt. Deshalb hat der 30 Meter lange Streifen unter der gerippten Unterführungsbetondecke etwas von einem unheimlichen Niemandsland, für das sich niemand zuständig zu fühlen scheint.

Vor allem die fetten Spinnweben, die an den zwei nonstop brennenden Laternen hängen, sehen oft so eklig aus, dass sie den Kabarettisten Matthias Egersdörfer zu einem Text über die »fiesen Spinnen unter der A 73« und den »dreckigen Weltmarktkapitalismus« animiert haben. In der Erstauflage dieses Buches orakelten wir 2012, dass hier mal was geschehen werde. Siehe da: Zuerst stellte die Kleeblattstadt die Tafel »Herzlich willkommen in Fürth« kurz nach der Unterführung auf, der Nachbar konterte davor temporär mit »Nürnberg – Fahrradfreundliche Stadt in Bayern«. Und seitdem die Beleuchtung repariert wurde, ist klar: Unter der A-73-Unterführung ist die Autobahndirektion Nordbayern zuständig. Ein irrer Kosmos ist das. Angereichert mit einem kleinen roten Herz.

Adresse unter dem Frankenschnellweg, Höhe Kurgartenstraße, Zugang über Niederweg und den Radweg entlang der Pegnitz, 90427 Nürnberg-Schniegling | ÖPNV Bus 39 und 175, Haltestelle Herderstraße | Tipp Keine 400 Meter stadteinwärts gibt es seit Frühjahr 2021 an der Pegnitz eine Surfer-Anlage, die der Verein Nürnberger Dauerwelle e. V. realisiert hat und betreibt; Zeitfenster gibt es auch für Nichtmitglieder (Kontakt über www.nuernberger-dauerwelle.de).

2 Der Alte Kanal

Nürnbergs schönstes Naherholungsgebiet

Hier ist die Zeit stehen geblieben: am Alten Kanal, Nürnbergs besonderem Naherholungsgebiet. Wenn sich alles ändert, die Zeit, die Menschen, die Verkehrsformen, hier ändert sich nichts. Käme jetzt einer dieser behäbig im Wasser liegenden Kähne daher wie im 19. Jahrhundert, von stämmigen Pferden am Ufer gezogen, niemand würde sich wundern. So wie sich niemand über die Ruhe und die lauschige Natur wundert. Längst ist aus dem Gegensatz von künstlicher Wasserstraße und unberührter Landschaft eine Symbiose geworden. Die Natur hat die Technik assimiliert. So einfach geht das.

Ursprünglich hieß die Verbindung Ludwig-Donau-Main-Kanal, weil sie den Main bei Bamberg mit der Donau bei Kelheim verband, in Auftrag gegeben von König Ludwig I. und 1846 für die Schifffahrt freigegeben. 100 Schleusen galt es auf der 172,4 Kilometer langen Strecke zu überwinden. Sechs Tage war man unterwegs. So richtig rentabel war der Kanal freilich nie. Bereits 1890 gab es Pläne, ihn zu schließen. Endgültig geschah dies dann erst 1950.

Wer am Kanal ist, muss einkehren. Das gehört dazu. Am besten in jener Wirtschaft, die die Franken zärtlich »Steinbrüchlein« nennen. Es ist ein leicht abschüssiger Biergarten mitten im Wald unter hohen Laubbäumen. Man sitzt auf Holzbänken an langen Tischen, bunte Glühbirnen verbreiten, wenn es dämmert, ihr Schummerlicht, und wenn's regnet, wird man entweder nass oder flüchtet in die Loggia, die aussieht wie aus 1.001 Nacht. Zu essen gibt es Bodenständiges wie Tellersülze, Krautwickel, Schäufele oder Wurstsalat, dazu das Landbier einer regionalen Brauerei. Die Kinder vergnügen sich unterdessen auf dem nahe gelegenen Waldspielplatz.

Früher war hier ein Steinbruch, das hat den Ort geprägt. Für die Arbeiter wurde 1640 das Wirtshaus gebaut. Später kamen Pferdestallungen für die Treidelpferde hinzu. Nichts als die Überlieferung davon ist geblieben. Die jedoch trägt.

Adresse Zugang in Höhe Marthweg 200, 90455 Nürnberg-Weiherhaus, beim Imbissstand »Weißes Häusla« | ÖPNV Bus 51, Haltestelle Föhrenbuck | Öffnungszeiten Mi–So 11–21 Uhr | Tipp Nicht weit davon entfernt ist der Biergarten Steinbrüchlein, Am Steinbrüchlein 20, der im Sommer immer einen Besuch wert ist (www.steinbruechlein-biergarten.de). Im Umfeld gibt es zudem seit 2011 einen liebevoll gemachten Waldspielplatz mit vielen Attraktionen.

3 Der Anger

Brot und Leben auf der früheren Viehweide

Der Anger ist etwas Besonderes. Doch das sieht man der Fläche im hinteren Winkel von Altziegelstein nicht an. Es gibt Trampelpfade und Wildwuchs, weshalb die Wiese nicht an eine planmäßig angelegte Grünanlage erinnert. Am Rand stehen ein paar größere Bäume, das Gefallenen-Denkmal und Autos auf dem Parkplatz der Gaststätte »Grüne Au zum Brez'nwirt«. Und viel Ruhe liegt in der Luft.

Aber es geht auch anders. Wenn am ersten Samstag im Monat der Backofen des 1990 gegründeten Brauchtumsvereins angeschürt wird, drängen sich die Menschen um das selbst gemauerte Häuschen an der Südwestspitze des Angers. Seit Sommer 1996 wird hier regelmäßig Brot gebacken. Ein Renner, der das Miteinander fördert. Als Inspiration diente das Backhäusla im Bad Windsheimer Freilandmuseum.

Neben Brot und Gesprächen sorgen Sonnwendfeier, Kartoffelfeuer, Adventssingen und vor allem die Kirchweih im Juli für Leben auf der Wiese. Sie ist 18.000 Quadratmeter groß und besitzt eine spezielle Vergangenheit. 1879 hatten 27 Ziegelsteiner Bauern als sogenannte Espan-Berechtigte die zuvor gepachtete Fläche dem Bayerischen Forst abgekauft. Sie wurde als Festwiese und Weidefläche für das Vieh genutzt – und blieb als Ganzes erhalten.

Bis heute handelt es sich rechtlich um eine Bruchteilsgemeinschaft, an der die Stadt mit 13,5 Anteilen und der Brauchtumsverein mit zwei Anteilen beteiligt sind. Mitte der 1960er Jahre gab es einmal Verkaufsüberlegungen, doch die Kommune schob Bauland-Spekulationen einen Riegel vor. Der Anger ist seitdem als öffentlich zugängliche, nicht bebaubare Grünfläche ausgewiesen.

Dass sich ein Immobilienhai trotzdem an das Grundstück wagt, ist kaum zu befürchten: Durch die Aufsplitterung von vererbten Anteilen gibt es heute um die 120 Eigentümer. Nicht mal Gerhard Diezinger, der seit 2009 als Verwalter dieser besonderen Gemeinschaft fungiert, sind alle Namen bekannt.

Adresse Am Anger, 90411 Nürnberg-Ziegelstein | ÖPNV U 2, Bus 45, Haltestelle Ziegelstein, Bus 21, Haltestelle Ziegelstein-Nord | Tipp Vom Anger führt ein Weg neben der Linie der Gräfenbergbahn in Richtung Buchenbühl, wo man oberhalb der Rathsbergstraße zum Aussichtshügel mit Blick auf den Flughafen kommt. Auf einer Bank kann man das Geschehen in Ruhe beobachten und den schicken, 47 Meter hohen Tower bewundern, der vom renommierten Stuttgarter Architekturbüro Behnisch & Partner entworfen wurde.

4 Auf Prechtls Spuren

Der Altmeister zeigt, wie's geht

Er war Nürnbergs bedeutendster Maler im 20. Jahrhundert: Michael Mathias Prechtl. 1926 im oberpfälzischen Amberg geboren, kam der freischaffende Künstler 1954 nach Nürnberg, wo er bis zu seinem Tod 2003 lebte. Besonders als witzig-satirischer Buchillustrator von Werken wie Voltaires »Candide«, Dantes »Göttlicher Komödie« oder Goethes »Reineke Fuchs« machte er sich einen Namen, daneben mit Plakaten wie zur Oktoberfest-Ausstellung im Münchner Stadtmuseum (»175 Jahre Bayerischer National-Rausch«) oder zu König Ludwig II., den er mit Strumpfbändern und Seidenhöschen zeichnete. »Altmeisterlich« nannten Kritiker seine Werke gern, neben dem feinen Spott schwang da eine Menge Respekt für das handwerkliche Können mit.

Ende der 1980er Jahre hatte es die Stadt Nürnberg in der Hand, Prechtl ein Denkmal zu setzen: Der Künstler, 1974 mit dem Kulturpreis geehrt, wurde mit der Ausmalung des Historischen Rathaussaals im Wolff'schen Rathaus beauftragt, wo sich einst Albrecht Dürer mit Kaiser Maximilians Triumphzug verewigt hatte, die Wände aber seit dem Wiederaufbau nach 1945 weiß geblieben waren. Nach den ersten Vorarbeiten stornierte man den Auftrag. Zu frech, zu naturalistisch, vor allem aber zu wiedererkennbar erschien den Stadtoberen die Ausführung. Prechtl wandte sich 1988 gekränkt ab und war von da an in der nationalen Kunstszene stärker präsent als in der örtlichen. Auf Titelbildern von »Spiegel« oder »Zeit-Magazin« sah man ihn öfter als bei Empfängen in der Stadt. Selbst das Ende wurde von einem sanften Eklat begleitet: Während das Deutsche Historische Museum in Berlin unter dem Titel »Prechtls Welttheater« eine große Einzelausstellung präsentierte, fand sich in seiner Heimat erst nach langem Hin und Her eine halbwegs adäquate Bühne mit dem Kunsthaus. Dennoch ist der Maler in der Stadt weiter präsent. Vor allem die Galerie Jacobsa am Weinmarkt hat viel aus Prechtls umfangreichem Werk vorrätig.

Adresse Weinmarkt 2, 90403 Nürnberg-Altstadt, Tel. 0911/2403488, www.jacobsa.de | ÖPNV Bus 36, Haltestelle Burgstraße | Öffnungszeiten Mo, Fr 10–13 Uhr, Mi, Do 10–13 Uhr und 14–18 Uhr, Di, Sa nach Vereinbarung | Tipp In der Karlstraße steht vor dem Spielzeugmuseum der kleine »Gockelreiter«-Brunnen, den Michael Mathias Prechtl zur Eröffnung der Einrichtung im Dürerjahr 1971 geschaffen hat.

5 Der Augustinerhof

Das Zukunftsmuseum als Zugpferd

Es hätte anders kommen können. Wenn die Altstadtfreunde leiser, die Befürworter überzeugender, Stadträte weniger wankelmütig und die Zeiten reif für Neues gewesen wären. Dann hätte Nürnbergs erster Bürgerentscheid am 14. März 1996 ein anderes Ergebnis gebracht – und seit 20 Jahren würde der Augustinerhof in Form eines kühnen Glaspalastes zwischen Karl- und Winklerstraße stehen. Geplant vom in Zirndorf geborenen Stararchitekten Helmut Jahn.

Die Mehrheit sagte »nein«, weshalb das Anwesen dahindümpelte, bis Gerd Schmelzer (alpha Gruppe) Ende 2007 die Immobilie ersteigerte. Ein Profi mit klarer Strategie. Beim Architektenwettbewerb machte 2008 Volker Staab (Neues Museum) das Rennen, gefolgt von Abriss und archäologischen Ausgrabungen auf dem Areal, wo einmal das Augustinerkloster stand und das Nazi-Hetzblatt »Stürmer« gedruckt wurde.

2010 sorgten 160 Parkplätze dafür, dass Schmelzer abwarten konnte. Als Markus Söder 2015 die Idee eines Zukunftsmuseums als Zweig des Münchener Deutschen Museums forcierte, war das Zugpferd gefunden. 2017 begann die 100-Millionen-Euro-OP am offenen Herzen. Es passt zur Augustinerhof-Story, dass Corona 2020 die Vollendung verzögerte – bis auf die Tiefgarage.

Im Herbst 2021 öffneten das Hotel »Ernst August« samt Brasserie, Retterspitz-Laden, Eisdiele mit selbstgebackenen Waffeln sowie das Zukunftsmuseum die Türen, wobei dessen Co-Finanzierung durch den Freistaat Bayern ein heftiges Nachspiel erlebte. Ungeachtet dessen hat die helle Fassade mit den rechteckigen, konvexen Platten und den großen Fenstern von außen etwas Anziehendes; innen werden viele Ideen, Infos und interaktive Impulse serviert, wie künftig Städte, Arbeit, Mobilität, Medizin und Hilfsmittel aussehen könnten. Neben KI und Weltall ist auch der Klimawandel präsent. Leider ist der Augustinerhof-Komplex nicht CO_2-neutral. Und der trichterförmige Platz zum Flussufer könnte deutlich mehr Grün vertragen.

Adresse Augustinerhof, 90403 Nürnberg-Altstadt | ÖPNV U 1, Haltestelle Lorenzkirche, Bus 36, Haltestelle Weintraubengasse | Tipp Die alpha Gruppe hat 2008 am Rathenauplatz das frühere Sebald-Druckgelände revitalisiert – mit Büros, Läden, Wohnungen und dem Kindertheater Pfütze in einem modernen Sandstein-Glasfassaden-Komplex, ebenfalls entworfen von Volker Staab.

6 Das Başkent-Dönerhaus

Ein Imbiss für alle

Sollte eines Tages das Deutsche Museum in Bonn für eine Ausstellung über »Essen und Trinken« ein Musterbeispiel für einen türkischen Imbiss suchen, das Başkent-Dönerhaus in Gostenhof hätte gute Chancen, ausgewählt zu werden. Das liegt schon am Namen Başkent, der übersetzt »Hauptstadt« heißt. Da haben Mustafa und Latife Candemir 1999 ein klares Zeichen gesetzt. Ebenso wichtig ist aber das Konzept mit einer stimmigen Konzentration auf das Wesentliche. Das fängt bei der Speisekarte an, die nur sechs Grundgerichte aufweist: hauseigene Döner, Döner-Box, Döner-Teller mit Reis, gewickelte Dürüm-Döner, Lahmacun-Pizza und Pide-Fladenbrot.

Das genügt. Durch das kleine Fenster läuft der Straßenverkauf, von dem mittags Berufsschüler von nebenan reichlich Gebrauch machen – wegen der Qualität und der zivilen Preise, heißt es. Wer innen bestellt, kann Döner mit einer Tasse Schwarztee hinten an einem Holztisch verspeisen. Luxus wird kleingeschrieben, passend zu einem klassischen Döner-Imbiss, wie es ihn in Nürnberg nicht mehr so oft gibt. Viele haben räumlich und beim Speisenangebot expandiert oder sind gleich zu einer Kette geworden, wie der legendäre »Piknik Pide« vom Friedrich-Ebert-Platz.

Die Candemirs sind ihrem Konzept treu geblieben. Draußen haben sie einen kleinen Obst- und Gemüsestand, drinnen gibt es Grundnahrungsmittel wie Reis, Dosenbohnen oder Mineralwasser. Und am wichtigsten: Das Başkent-Dönerhaus ist ein Ort, an dem sich alle treffen, quer durch die Nationalitäten, Altersgruppen und sozialen Schichten. Das freut Mustafa Candemir, der nahe der kurdischen Stadt Maras aufgewachsen ist und 1989 nach Nürnberg kam. Nach fünf Jahren bei einer Wurstfirma in Hamburg kehrte er zurück, arbeitete fünf Jahre bei Marktkauf. Dann wagten die Eltern von zwei Töchtern den Schritt in die Selbstständigkeit. Seine Ehefrau sei der Chef, sagt er. Eine schöne Erfolgsstory.

Adresse Kernstraße 3, 90429 Nürnberg, Tel. 0911/2876094 | **ÖPNV** U1, Haltestelle Gostenhof, Bus 34, Haltestelle Gostenhof-West | **Öffnungszeiten** Mo–Sa 9–18 Uhr, So geschlossen | **Tipp** Entlang der Kernstraße gibt es viele schöne Läden – wie Kerns Paare, Orthopädieschuhtechnik Röder, Jojo Music, Laden 14,80, Vollkern 36, Goldkind und die Gasthäuser Der Express, Herr Lenz, das Palais Schaumburg sowie der Salon Regina schräg gegenüber in der Fürther Straße 64.

7 Der Bethang-Wanderweg

Begehbares Kunstprojekt

Nein, Bethang ist kein Hang, an dem gebetet wird. Hinter den sieben Buchstaben steckt ein Kunstprojekt von Karsten Neumann, Jahrgang 1963, das dem Konzeptkünstler 2002 während des Kommunalwahlkampfs für »Die Guten« in den Sinn kam. Die anfängliche Schnapsidee des überzeugten Beuys-Fans packt NürnBErg, FürTH und ErlANGen in einen »Verdichtungsraum« – wider engstirniges Klein-Klein-Denken in den drei Städten.

Für Neumann ist Bethang eine »Stadt der Kultur und des Geistes«, wie auf gelben Ortsschildern zu lesen ist. Mit Straßenumbenennungen, Mandalas auf am Straßenrand gefundenen Radkappen, Leuchtobjekten aus recycelten Plastikkanistern, Postkarten und Publikationen trommelt er hartnäckig für seine Kunststadt, zu der auch ein »Central Park« nach New Yorker Vorbild nördlich von Boxdorf gehört. 2013 ging der Künstler erstmals auf Wanderschaft. Sechs Tage dauerte die Performance mit Rucksack und Zelt entlang der rund 132 Kilometer langen Außengrenze von Bethang.

Ein Vortrag führte dann im Herbst 2017 zum Kontakt mit dem Fränkischen Albverein, der von der Idee eines Bethang-Wanderwegs begeistert war. Weil dadurch andere Wege, die aus den drei Städten hinausführen, miteinander verknüpft werden können. 2019 folgte tatsächlich die Markierung mit dem grellen Bethang-Stadtwappen – bestehend aus drei Ringen und einem Pflatschen in Pink auf grasgrünem Untergrund. Dem Zeichen begegnet man in Bethang-Süd nun tausendfach, ob am Rand von Erlenstegen, Buchenbühl und Neunhof, am Schmausenbuck, beim Eisweiher oder im Hainberg bei Gebersdorf.

Zum Weg ist ein Wanderbuch über zehn Etappen erschienen, in dem viele Infos und Gedanken zum begehbaren Kunstprojekt zu finden sind. Neumann selbst hat zudem eine faltbare Wanderkarte herausgebracht, auf deren Rückseite über Bethang ausführlich diskutiert wird – im Gespräch mit dem Kabarettisten Matthias Egersdörfer. Sehr zu empfehlen.

Adresse Verlauf an den Außengrenzen von 90491Nürnberg, 90763 Fürth und 91056 Erlangen | **ÖPNV** in Nürnberg z. B. Straßenbahn 8, Endhaltestelle Erlenstegen, Bus 21, Haltestelle Siedlungswerk in Buchenbühl, Bus 71 und 179, Haltestelle Fürth-Süd nahe Hainberg | **Tipp** Zu den vielen Wanderwegen im Stadtgebiet gehört auch der Jakobsweg mit der weißen Muschel, der im Zentrum an der Kirche St. Jakob über den Jakobsplatz verläuft, wo 1996 auch das Mahnmal für die Aids-Opfer im Pflaster integriert wurde.

8 Die Blauen Reiter

Kunst mit Seitenhieben

An moderner Kunst darf man sich reiben. Aber dass Leute zur Säge greifen oder mit dem Vorschlaghammer zuschlagen, das hatte niemand gedacht, als das etwas andere Reiterstandbild des Essener Bildhauers Johannes Brus im April 1993 neben der neuen Studentenmensa am Andreij-Sacharow-Platz bei der Insel Schütt aufgestellt wurde. Nach einem Monat fehlte dem vorderen Reiter der Kopf, mehrfach attackierten später Kunstfeinde die Skulptur. Die Schäden wurden beseitigt, die Hälse verstärkt. Man weiß ja nie.

Mittlerweile hat sich der Gegenwind gelegt, auch Farbattacken sind rar geworden. Die Neugierde darauf ist geblieben. Das hat viel mit Farben, Formen und Dimensionen zu tun. Durchgehend im stechenden Yves-Klein-Blau gestrichen, sitzen zwei puppenhafte Figuren mit Stummelarmen auf einem brav dastehenden Pferd, das mehr einem Shetlandpony ähnelt. Im Gegensatz zu sonstigen Reiterdenkmälern – wie etwa dem von Wilhelm I. am Egidienplatz – fehlt jede Überhöhung. Der Betonsockel reicht gerade bis zu den Waden, und die Reiter werden am Rand von vier rostigen Säulen überragt, an denen Ziffern an die Vergangenheit in einem Gusswerk erinnern.

Hintersinnig ist der Aufbau der hufeisenförmigen Säulen, die an riesige, umgedrehte Pferdebeine erinnern. Zugleich wirken sie wie Wachposten mit Betonkopfappeal. Das bringt die Phantasie der Betrachter auf Trab und evoziert die Frage, ob irgendwo ein Seitenhieb auf die Künstlergruppe »Der blaue Reiter« versteckt ist.

Kinder mögen die Blauen Reiter auch. Kleinere wollen als Dritte im Bunde auf dem Pferderücken sitzen, während Jugendliche die Sockelkanten zum Skaten nutzen. Dass ausländische Touristen sich gern davor fotografieren lassen, spricht für deren Attraktivität. Und wenn die »Inselkunst« des Krakauer Hauses zusätzlich für grüne Betonkunst-Kontraste sorgt, scheint das gesamte Ensemble wie geschaffen, um sich daran zu reiben. Natürlich gewaltfrei.

Adresse Andreij-Sacharow-Platz, 90403 Nürnberg-Altstadt | **ÖPNV** Bus 36, Haltestelle Innerer Laufer Platz, oder U2, U3, Haltestelle Wöhrder Wiese | **Tipp** Das Krakauer Haus um die Ecke an der Pegnitz, in dem Nürnbergs polnische Partnerstadt für kulturelle Angebote sorgt und wo der lauschige Kopernikusgarten oberhalb am Kasemattentor eine beliebte Sommerattraktion ist, lohnt einen Besuch.

9 Der Blechspielzeugladen

Im Reich der Kinderträume

Nürnberg ist auch die Stadt des Spielzeugs. Ablesbar ist das an der Internationalen Spielwarenmesse, am Spielzeugmuseum in der Karlstraße und an einer großen Tradition. Nürnberg, Fürth und Zirndorf waren lange Zeit Zentren einer Produktion, die getreu der Devise »Nürnberger Tand geht durch alle Land« ihr Spielzeug in alle Welt exportierte. Noch 1913 wurde ein Drittel des gesamten deutschen Exports in Mittelfranken hergestellt. Besonders berühmt: die Puppenhäuser und die »Nürnberger Küche«. Aber auch das Blechspielzeug erfreute sich großer Beliebtheit. Mechanische Blechdosen und -tiere, später dann Blechautos ließen Kinderherzen in aller Welt höherschlagen. Um 1900 waren sie der letzte Schrei in allen Kinderzimmern, und auch die Erwachsenen ließen sich davon begeistern.

Ein Beispiel dieser großen Tradition ist der Blechspielzeugladen von Alexander Baier im Handwerkerhof, der touristischen Nische gleich am Eingang zur Altstadt, gegenüber vom Hauptbahnhof. Äußerlich eher unscheinbar, im Inneren aber von nostalgischem Flair durchweht, ist er ein Eldorado für herkömmliches Spielzeug. Es beginnt bei aufziehbaren Fröschen, Spardosen und einem Trommelaffen und geht bis zu Modelleisenbahnen, Modellautos und kleinen Motorrädern, Spielzeugschiffen und -flugzeugen. Heimische Traditionsfirmen wie Schuco, Arnold, Trix oder Fleischmann waren die Hersteller. Genaueres dazu findet der Besucher im reichen Angebot an Fachliteratur.

Schillers berühmter Satz, dass der Mensch nur da ganz Mensch sei, wo er spielt, kommt einem in den Sinn. Er steht in der Abhandlung »Ueber die ästhetische Erziehung des Menschen« und hat für Schiller zentrale Bedeutung – wie auch die Erweiterung, dass dies nur dem freien Menschen vergönnt sei. Und so verlässt man den Handwerkerhof mit seiner kleinen, aber feinen Welt des Spielzeugs seltsam verjüngt und vergnügt.

Adresse Blechspielzeugladen, 90402 Nürnberg-Altstadt | **ÖPNV** S 2, S 4, U 1, U 2, U 3, Straßenbahn 8, 5, Haltestelle Hauptbahnhof | **Öffnungszeiten** Mo–Sa 10.30–18 Uhr | **Tipp** Auf der anderen Seite der Königstraße liegt das Künstlerhaus. Hier befinden sich das kommunale Filmhaus, das Kunsthaus, die Artothek und eine Anlaufstelle der Tourist Information; im Rest des Hauses laufen voraussichtlich bis Ende 2021 Sanierungsarbeiten.

10 Das Bleistiftschloss

Eine fränkische Schönheit

War das eine Aufregung im Feuilleton der Nürnberger Nachrichten Mitte der 80er Jahre! Und nicht nur da: Auch »Zeit«, »Spiegel«, »FAZ« und wie sie alle hießen, schickten ihre besten Leute ins Steiner Bleistiftschloss, ARD und ZDF sowieso, lediglich die Privaten kamen nicht und das aus dem einzigen Grund: Sie hatten gerade erst ihre Lizenz bekommen und waren schon froh, wenn sie morgens ihr Sendehaus fanden.

Was aber war geschehen? Nun, im Steiner Schloss waren wieder mal Filmleute zugange, verbreiteten Hektik, rauchten wie die Schlote und fühlten sich als Nabel der Welt. Gedreht wurde der ARD-Vierteiler »Väter und Söhne« (Buch & Regie: Bernhard Sinkel), ein Epos über die Industriellenfamilie Deutz, und es waren zwei absolute Weltstars dabei: Julie Christie und Burt Lancaster. Außerdem: Martin Benrath, Bruno Ganz, Dieter Laser, Katharina Thalbach, Herbert Grönemeyer und, und, und. Einer aus der Grafenfamilie, der Bruder vom Hausherrn Graf Wolfgang von Faber-Castell, bekam sogar eine kleine Nebenrolle, was für ein Glück! Der Film wurde anschließend eher verrissen, aber das Schloss hatte seine Taufe als Kulisse glänzend bestanden.

Und das mit Folgen. Gleich drei Teile von Enid Blytons »Hanni und Nanni« wurden in Stein gedreht, weitere Projekte folgten. Und stets machte das Bleistiftschloss mit seinen Bleistifttürmen und dem grünen Park drum herum bella figura.

Auch heute ist es noch in prächtiger Verfassung, außen wie innen, wovon man sich bei einer der zahlreichen Führungen durch die Innenräume aus verschiedenen Stilepochen überzeugen kann. Gleich dahinter fließt fränkisch-träge die Rednitz vorbei und muss wenig später über ein Wehr und durch eine Schleuse direkt vor der ehemaligen Bleistiftfabrik Faber-Castell. In deren Hallen befindet sich inzwischen die gleichnamige Akademie. Ihre Studierenden fühlen sich immer wieder inspiriert vom Steiner Kulissenzauber.

Adresse Nürnberger Straße, 90547 Stein | **ÖPNV** U 2, Haltestelle Röthenbach, Bus 63, 64, Haltestelle Nürnberg Stein Schloss | **Öffnungszeiten** für Führung Buchung erforderlich | **Tipp** Nach dem Schlossbesuch erfrischt man sich am besten im »Palm Beach«, dem Erlebnisbad in Stein.

11 Die Bratwurstküchen

Wo die echten »Närmbercher« brutzeln

Wer die typischen Nürnberger Rostbratwürste essen will, geht immer noch am liebsten ins »Bratwursthäusle« gleich neben der Sebalduskirche. Oder ins »Bratwurstglöcklein«, ins »Bratwurströslein«, in den »Gulden Stern« oder ins »Goldene Posthorn«. Oder in eines der unzähligen anderen Bratwurstlokale. Idealerweise bekommt er die Bratwürste (vulgo: Wöschdla) auf einem Zinnteller serviert, fingerlang (besser: fingerkurz), auf dem offenen Buchenholzrost zubereitet, sechs bis zwölf Stück, dazu Kartoffelsalat oder Fasssauerkraut sowie einen mittelscharfen Senf oder Kren, den fränkischen Meerrettich. Eine Breze, möglichst frisch aus dem Ofen, darf nicht fehlen, ein kühles Helles ebenso wenig. Wohl bekomm's!

Die Bratwurst hat Tradition in Nürnberg. Seit etwa 1650 lässt sich ihre Existenz in Franken nachweisen. Der Kenner freilich unterscheidet die fränkische Bratwurst, dick, groß und grob, von der Nürnberger Bratwurst, schmal, fein und zierlich. In der Stadt konnte die Füllung einfacher hergestellt werden. Und das hieß: streng geregelt nach der Bratwurstverordnung, fein gewürzt, in kleine Darmhüllen abgefüllt. Das, so sagen Kenner, steigert die Qualität. Anders ausgedrückt: An seiner Kleinheit erkennt man die Größe des Würstchens.

Es ist omnipräsent in der Stadt. Nicht nur in den erwähnten Bratwurstküchen bekommt man es, sondern auch in jedem Imbiss und beim Straßenverkauf der Metzgereien, im Stadion beim Club ebenso wie auf jeder Stadtteil-Kirchweih. 2010 gab es sie sogar mal kurz bei McDonald's. Zur Einführung klemmte sie Uli Hoeneß persönlich ins Weckla. (Familie Hoeneß, nicht nur Fußballfreunde wissen es, ist Besitzer einer Bratwurstfabrik in Nürnberg.)

Das originellste Würstchen bekommt man freilich weiter am Cabo Saõ Vicente in Portugal. Hier, am äußersten Zipfel Europas, hoch über dem Atlantik, verkündet ein Franke: Letzter Bratwurststand vor Amerika.

Adresse zum Beispiel Bratwurstküchen, 90402 Nürnberg-Altstadt, Tel. 0911/227695, www.bratwursthaeuslenuernberg.de | ÖPNV Bus 36, 94, Haltestelle Rathaus | Öffnungszeiten Mo–Sa 11–22 Uhr, So 11–20 Uhr | Tipp Ein Stück die Burgstraße hoch kommt man zu den »Affenfelsen« unterhalb der Kaiserburg, die auch ohne Bratwürste zu den Kraftorten gezählt werden.

12 Die Brücke-Köprü

Wo sich Religionen begegnen

Eine Tasse Tee gehört dazu. Und die Bereitschaft zum Gespräch. Dann sitzen Menschen unterschiedlichen Glaubens länger als eine Stunde auf hellblauen Sesseln um einen kleinen Tisch, auf dem eine brennende Kerze, eine Friedenstaube und religiöse Symbole stehen, und diskutieren miteinander. Über Gott und die Welt. Respektvoll, aber nicht um den heißen Brei herum. Unbequeme Fragen sind erlaubt, wenn es um Verständnis geht.

Seit 1993 gibt es in Nürnberg diesen Ort der Begegnung, der treffend Brücke-Köprü (das türkische Wort für Brücke) heißt. Gegründet von der evangelisch-lutherischen Kirche, ging es zuerst primär um Christen und Muslime. Eine Konstellation, die inzwischen aber in die Mitte der Gesellschaft gerückt ist. In einer Welt voller Konflikte und Vorurteile sucht man hier nach dem, was die Welt zusammenhält und die Menschen verbindet – ungeachtet dessen, ob und an welchen Gott sie glauben.

Nach ersten Jahren als »Begegnungsstube« in der Zeltnerstraße 25 zog die Einrichtung 1997 in die Leonhardstraße 24. 2004 wechselte man weiter in den dritten Stock der Evangelischen Familienbildungsstätte.

Dort werden im Gang auf Plakaten »Gesichter der Religionen« vorgestellt. Buddhisten, Juden, Christen, Muslime oder Mandäer werben für den interreligiösen Dialog. Diesen ermöglichen Pfarrer und Islamwissenschaftler Thomas Amberg, der die Einrichtung seit 2016 leitet, und Religionspädagogin Doris Dollinger, die seit 2011 hier arbeitet, mit unterschiedlichen Angeboten.

Dollinger trifft im Duo mit der ehrenamtlich aktiven Muslimin Andrea Arfaoui zum Beispiel Schulklassen oder junge Polizisten. Man besucht Moscheen oder andere Treffpunkte wie »Medina«. Ob gemeinsames Kochen via Videokonferenz oder interessante Zoom-Gesprächsrunden mit Fachleuten aus anderen Städten, die Brücke-Köprü schafft ungeahnte, neue Verbindungen.

Adresse Leonhardstraße 13, 90443 Nürnberg-Gostenhof, Tel. 0911/2877313, www.bruecke-nuernberg.de | **ÖPNV** U1, U2, U3, Straßenbahn 4, 6, Bus 34, 36, 84, Haltestelle Plärrer | **Öffnungszeiten** Di–Do 10–12 Uhr (Bürozeiten) | **Tipp** Im Umfeld ist die Heilsarmee mit mehreren Häusern und Einrichtungen vertreten – mit offener Tür und der Chance zu interessanten Gesprächen (Tel. 0911/289544).

13 Das Bürgermeistersgärtla

Zum Denken ins Grüne

Gab es unter den Nürnberger Bürgermeistern und Oberbürgermeistern Peripatetiker? Das, man erinnere sich, waren im alten Griechenland Menschen, für die Denken und Gehen eins waren. Hatten sie ein Problem, dann gingen sie ins Freie und versuchten, es durch die Bewegung zu lösen. Instinktiv (und vorwissenschaftlich) glaubten sie an einen Zusammenhang, der inzwischen jedem Jogger und jedem Nordic Walker klar ist.

Da ein Stadtoberhaupt jedoch Privilegien genießt, wurde für es ein Bürgermeistergarten geschaffen. Viele Städte taten das. Da konnte das Stadtoberhaupt dann über Haushaltslöcher nachdenken oder darüber, warum die Opposition wieder so gemein zu ihm war. Ungestört war er, der Bürgermeister, in einer grünen Umgebung, und irgendwie dienstlich war der Spaziergang auch. Vor allem aber waren keine dauerredenden Referenten dabei, die den OB wieder mal ganz für sich allein haben wollten. Das klassische peripatetische Modell also.

Längst ist der ehedem exklusive Ort für die Allgemeinheit zugänglich, die feudalen Zeiten sind vorbei, das egalitäre Zeitalter hat vor langer Zeit begonnen. Heißt: Im Bürgermeistersgärtla trifft man mittlerweile jeden und jede, nur den OB nicht, egal ob dieser Maly oder König heißt. Auch die Stellvertreter nicht. Schade eigentlich, denn wo ließe sich eine Bürgersprechstunde besser abhalten als unter Bäumen und Büschen? Bei Vogelgezwitscher und Bienengesumm?

Ins Bürgermeistersgärtla schlüpft man am besten am Neutor. Dann ist man in einem schmalen, sich an der Stadtmauer entlangziehenden Park mit sehr alten, verwunschenen Bäumen und Putten, die alle an irgendwelche Ratsherren erinnern und die unglaublichsten Geschichten zu erzählen wissen. Dass sie es schweigend tun, ist ihr Vorzug. Ein weiterer Pluspunkt dieses Gärtchens ist, dass Hunde keinen Zutritt haben. Man sollte es noch erweitern auf Smartphone-Aktivisten.

Adresse Zugang am Neutor, 90403 Nürnberg-Altstadt | ÖPNV Straßenbahn 4 und 6, Haltestelle Obere Turmstraße | Öffnungszeiten April–Okt. täglich 8–20 Uhr | Tipp Auf keinen Fall versäumen sollte man den kurzen Abstecher in den Wehrgang in der Stadtmauer, von wo aus man einen tollen Blick auf die Burg hat. Etwas weiter unten stößt man kurz vor dem Hallertor auf den kleinen, feinen Heilkräutergarten mit 100 Arten auf 140 Quadratmetern, den der Bund Naturschutz seit 2010 betreut (April–Okt. 8–20 Uhr).

14 Das Casablanca

Wo Filmkunst und Fassaden leuchten

Was für ein Haus, welch eine Fassade! Wer am Kopernikusplatz in die Brosamerstraße einbiegt, nähert sich mit offenem Mund dem haushohen Wandbild bei Nummer 12, das im Sommer 1985 die Münchner Künstlerin Helma Lichtinger in zwei Monaten malte. Eine riesige Palme und jede Menge Menschen, Tiere, Kulissen und Filmstars sind darauf verewigt. Das fängt gleich neben der Tür an, wo Marilyn Monroe lasziv über die Schulter blinzelt, während sich links nebenan Rick und Ilsa tief in die Augen schauen – die berühmte Szene aus dem Filmklassiker »Casablanca«.

»Casablanca«, steht auch kunstvoll und abends hell erleuchtet über der Eingangstür. Kein Zufall, denn seit 1976 befinden sich ein Kino und eine Kneipe gleichen Namens in Ex-Musikclubräumen. Wobei beide 2009 schon so gut wie gestorben schienen, weil Cinecittà-Chef Wolfram Weber sein Südstadt-Standbein aufgegeben hatte. Eine hohe anonyme Spende führte auf den allerletzten Drücker zu einem Happy End. Seitdem hat der Casa-Verein mit ungeheurem Engagement, kreativen Ideen, Fachwissen und viel Courage das »Filmkunsttheater« zu einer neuen Blüte geführt. Rund 2.400 Filme wurden bis Ende 2023 gezeigt, 1.500 Mitglieder gewonnen, regelmäßig Auszeichnungen erhalten (wie Bayerns bestes Kino 2023!) sowie Technik und Komfort der drei Säle auf Vordermann gebracht.

Die Folge? Das »Casablanca« leuchtet – passend zum Fassadenbild, dessen Farben zuletzt im Jahr 2018 im Erdgeschoss aufgefrischt wurden. Seit 2011 ist dort auch Anna Meyer verewigt, die langjährige Wirtin der Créperie Yec'het mad, die der Casa-Verein im Herbst 2023 übernommen und ihr bis Anfang 2024 ein neues Flair verpasst hat. Neben Leinwandhelden, zu denen King Kong gehört, sind an der Fassade viele Hausbewohner vertreten. Auch der 2001 viel zu früh verstorbene Gastronom und Posaunist Dieter Riedel, der die Créperie ins Leben rief und bei der legendären NC Brown Bluesband unorthodox ins Horn blies. Durch das Wandbild ist er bis heute präsent. Wie schön.

Adresse Brosamerstraße 12, 90459 Nürnberg-Südstadt, Tel. 0911/454824, www.casablanca-nuernberg.de | ÖPNV U 1, Haltestelle Aufseßplatz | Öffnungszeiten Mo – Do 17 – 24 Uhr, Fr, Sa 17 – 1 Uhr, So 15 – 24 Uhr (bei einer Matinee ab 10 Uhr) | Tipp Der »südpunkt« ist das große Zentrum für Bildung und Kultur in derPillenreuther Straße 147 mit einer auffallend grünen Fassade, das keine fünf Minuten mit dem Fahrrad vom »Casa« entfernt ist.

15 Das Cinecittà

Die Kinostadt

»Gämmer ins Tschinne?« Das ist die entscheidende Frage bei den Youngstern, wenn's aufs Wochenende zugeht. Und in aller Regel wird sie mit einem lapidaren »Logo!« beantwortet. Denn ins »Tschinne« geht man in Nürnberg so todsicher wie zum Club oder »amm« Christkindlesmarkt. Und weil das viele so sehen, ist es ab Freitagabend regelmäßig brechend voll im Tschinne. Es präsentiert sich dann als Markt der Möglichkeiten, vom Jugendtreff mit Partygarantie über die Burgeria bis zu diskreten Kuschelecken, die freilich oft schon besetzt sind. Dann geht man halt doch ins Kino, irgendwas läuft immer in einem der 23 Kinosäle in einem der größten Kinozentren Europas.

Denn auch das ist das Tschinne: ein Konglomerat von Superlativen. Größtes Multiplex deutschlandweit, beste Technik, breitestes Angebot, höchster Komfort, Reihen für Kids und Oldies, Opernfreunde und Hardcore-Cineasten, sozusagen *das* Kino-Erlebnis des 21. Jahrhunderts. Wer's nicht glaubt, schaue sich das voll automatisierte Cinemagnum ganz in der Nähe an und lasse sich dessen abenteuerliche Baugeschichte erzählen, inklusive einer riesigen Baugrube, in die man ein siebenstöckiges Haus hätte stellen können. Mit einer »weißen Wanne« wurde sichergestellt, dass kein Grundwasser eindringt und die Besucher vielleicht irgendwann rausschwimmen müssen.

Und dennoch: Das Tschinne ist eine der letzten städtebaulichen Großtaten in der Stadt. Das war auch Kino-Tycoon Wolfram Weber und OB Peter Schönlein klar, als sie die Kinostadt (nichts anderes meint ja »Cinecittà« auf Deutsch) im Oktober 1995 gemeinsam eröffneten. Sogar zum Nürnberger Wahrzeichen, der Kaiserburg, hat man von hier aus einen super Blick. Beim alljährlichen Open-Air-Kino kann man sich selbst davon überzeugen. Dann ist die Burg in der Regel, so viel Glamour muss sein, auch noch festlich angestrahlt. Ja, ohne das Tschinne sähe es in der Stadt deutlich finsterer aus.

Adresse Gewerbemuseumsplatz 3, 90403 Nürnberg-Altstadt, www.cinecitta.de | **ÖPNV** U1, Haltestelle Lorenzkirche, U2, Haltestelle Wöhrder Wiese, Straßenbahn 8, Haltestelle Marientor | **Öffnungszeiten** So–Do 10–1 Uhr, Fr, Sa 10–2 Uhr | **Tipp** Das »O'Sheas Irish Pub« nebenan im Wespennest 6–8 ist ein uriger Kneipenkontrast zum modernen Kino-Glaspalast.

16 Das Clubmuseum

Ein Ort für Nostalgiker

Keine Sorge, es ist alles da: die Torjäger-Kanone für Marek Mintal von 2005, die Schiebermütze von Torwart-Legende Heiner Stuhlfauth, ohne die er nie einen Platz betrat, und das Weltmeistertrikot von Max Morlock mit der Nummer 13 aus dem Jahr 1954. In ihm schoss er das Anschlusstor der Deutschen zum 1:2. Mit der großen Zehe habe er das Leder umgelenkt, so wird berichtet, unerreichbar für Gyula Grosics, den ungarischen Nationaltorwart.

Man findet all die sagenumwobenen Devotionalien im kleinen, aber feinen Clubmuseum am Valznerweiher. In Zusammenarbeit des Vereins mit den Städtischen Museen ist diese Schau entstanden, und bei allem Anlass zum Jubel und zu lokalpatriotischem Stolz ist sie wohltuend unprotzig ausgefallen. Wobei die Nachbildungen der Meisterschalen und Pokale in den Vitrinen schon gebührend herausgestellt sind. Sie sind das Tafelsilber der Vereinsgeschichte.

Als Fan ist man beim Rundgang abwechselnd gerührt und stolz, aber auch traurig und zornig, dass die Höhepunkte der Vereinsgeschichte schon etwas länger zurückliegen. Seit 2007, als man Pokalsieger unter dem knorrigen Hans Meyer wurde, und dem Wiederaufstieg in die Erste Bundesliga 2017 sorgte man vor allem für negative Schlagzeilen. Aus den Ruhmreichen, auf die ganz Fußball-Deutschland blickte, sind die einst Ruhmreichen geworden, für die es jetzt oft nur noch Häme oder Mitleid gibt. So klingt es geradezu beschwörend, wenn die Sammlung den Titel trägt: »Die Legende lebt«. Ja, schön wär's!

Fotos und Exponate im Museum sind mit Absicht sparsam und überschaubar gehalten. Nichts lag Kurator Bernd Siegler ferner, als eine üppige, aber wertlose Resterampe zu schaffen. Auch farblich ist die Schau gelungen. Sie präsentiert sich in gediegenem Weinrot, der Trikotfarbe des 1. FC Nürnberg. Bleibt zu hoffen, dass die Trophäensammlung möglichst bald erweitert werden muss. Platz dafür ist vorhanden.

Adresse Valznerweiherstraße 200, 90480 Nürnberg-Zabo, www.fcn.de | **ÖPNV** Bus 44, Haltestelle Sportanlage FCN, S 2, Haltestelle Regensburger Straße | **Öffnungszeiten** Mo, Mi, Do 9–12.30 und 13.30 Uhr–17 Uhr, Di 9–12.30 Uhr, Fr 9–12.30 Uhr (an Heimspieltagen bis 18 Uhr) | **Tipp** Nicht weit ist es vom Valznerweiher bis zur Strecke des Norisrings, wo auf historischem Gelände vor den Steintribünen am Dutzendteich alle Jahre wieder im Sommer röhrend laute Autorennen stattfinden – der Stadtkurs besitzt das Flair von Monte Carlo.

17 Das Datev-Wandbild

Street-Art-Comics an der Kreuzung

So schnell kann es gehen. Dass aus einer potthässlichen Tordurchfahrt ein pfiffiger Blickfang wird. Geschehen ist eine solch wundersame Wandlung in Gostenhof an der Kreuzung von Roonstraße und Fürther Straße, über die sich ein Gebäude von Datev spannt. Die Wände unter der Durchfahrt waren immer grau bis dreckig verschmiert. Hohe Reinigungskosten, nix zum Vorzeigen. Da musste was passieren.

Wohl dem, der in seiner Firma einen Daniel Düsentrieb wie den Künstler und Software-Entwickler Johannes Häfner hat, der bei Datev als Kulturreferent interne Kunstprojekte initiiert. Da er ein Faible fürs Schrille, Grelle und Comichafte hat, entwarf er hier ein Konzept mit zwei großformatigen Bildern auf jeder Straßenseite, insgesamt 100 Quadratmeter groß. Zudem beteiligte er die Belegschaft, die Ideen für Piktogramme einreichen konnte.

Am Ende kamen 170 Vorschläge vom Kaktus bis zur Rakete, die Häfner ebenso geschickt einbaute (in die Fenster der Häuser!) wie Bezüge zur Geschichte des Gebäudes. Darin stellte Schuco von 1952 bis 1976 Blechspielzeug her. Folglich sind fette Straßenkreuzer und VW Käfer ebenso präsent wie GOHO-Superfrauen, Riesenaffen oder finstere Entenschnauzetypen. »POW!«, knallt einem in fetten Lettern aus dem Meer der Gelb-, Grau- und Ockertöne mit 50er-Jahre-Flair entgegen. Und leicht kann es passieren, dass man beim Warten an der Ampel so gebannt auf die Feinheiten schaut, wie beispielsweise bei der Randszene mit Hund, Hand und Computermaus auf der roten Löschwassereinspeisung, dass die Grünphase schon wieder rum ist.

Zwei Monate – von August bis Oktober 2018 – hat Johannes Häfner auf Gerüsten am durchfahrthohen Datev-Wandbild gearbeitet. Es war ein Erlebnis, wie sich der Mix aus Street- und Pop-Art zu einem packenden Stück Comic-Kunst entwickelte. Von Schmierereien blieb es bisher weitgehend verschont. Das ist erfreulich und sollte bitte so bleiben.

Adresse Fürther Straße 24, 90429 Nürnberg-Gostenhof, Tel. 0911/3190 | ÖPNV U1 und Bus 34, Haltestelle Gostenhof | Tipp Rund 100 Meter stadtauswärts residiert die Glücksboutique »Fachmarie« in der Fürther Straße 50, in der es viele schöne grelle Geschenkideen gibt, und gegenüber befindet sich der Stammsitz von Brezen Kolb mit einer Filiale – gebacken wird nur noch in der Ostendstraße 138.

18 Das DB-Museum

Vom Adler bis zum ICE

Bei den ersten Filmvorführungen schrien die Menschen auf, wenn sie auf der Leinwand Dinge auf sich zukommen sahen. Daran fühlt man sich erinnert, wenn man Berichte von der ersten Eisenbahnfahrt zwischen Nürnberg und Fürth im Jahr 1835 liest: »Kinder weinten beim Anblick des Dampfes«, heißt es da, Pferde scheuten, und viele Menschen hätten angesichts der geballten Energie, die da auf sie zurollte, »ein leises Beben nicht unterdrücken können«. Viele Ärzte fuhren mit in den neun Waggons auf der sechs Kilometer langen Strecke, fürchtete man doch, die Passagiere könnten das rasante Tempo von 35 Kilometern pro Stunde nicht heil überstehen und Schwindelanfälle bekommen.

Außen freilich die Menschenmenge, die wegen des Spektakels gekommen war – sie jubelte und fühlte, dass sie Zeuge eines historischen Augenblicks war. Da machte es auch nichts, dass die Ludwigsbahn, benannt nach dem bayerischen König Ludwig I., nur zweimal am Tag unterwegs war.

Gezogen wurde die Ludwigsbahn vom »Adler«, einer gewaltigen, dampfschnaubenden Lokomotive. Der Lokomotivführer hieß William Wilson und stammte aus England. Er blieb in Nürnberg, eröffnete eine Schlosserwerkstatt, in der der »Adler« repariert werden konnte, fand die Frau seines Lebens und liegt auf dem Johannisfriedhof begraben, zwischen den anderen Heroen der Stadtgeschichte.

Der »Adler« (oder besser eine Kopie davon) blieb der Stadt erhalten und steht in der Fahrzeughalle I des Verkehrsmuseums, direkt neben einem ICE. In 19 Kisten von der englischen Firma Stephenson verpackt, kam er ursprünglich nach Nürnberg. Die Räder erst guss-, dann schmiedeeisern, der Aufbau vielfach aus Holz, mit Blech vernagelt, die beiden waagerechten Zylinder mit Nassdampf betreibend, so war die Lok bei ihren Pionierfahrten zwischen Nürnberg und Fürth unterwegs. Im DB-Museum erinnern Fotos, Berichte und Miniaturmodelle an das Stück Eisenbahngeschichte.

Adresse DB-Museum, Lessingstraße 6, 90443 Nürnberg-Tafelhof, Tel. 0800/32687386, www.db-museum.de | **ÖPNV** U 2, Haltestelle Opernhaus | **Öffnungszeiten** Di–Fr 9–17 Uhr, Sa, So, Feiertage 10–18 Uhr | **Tipp** Das Eisenbahndenkmal aus dem Jahr 1890 befindet sich unmittelbar an der historischen Strecke in der Fürther Straße beim U-Bahnhof Bärenschanze in Höhe der Abzweigung zur Glockendonstraße.

19 Das Dokumentationszentrum

Bildungsstätte mit Vorbildcharakter

Es ist eine brutale Konstruktion. Wie ein Pfahl durchbohrt sie das Gebäude und zerstört dessen Monumentalität. Dem Grazer Architekten Günther Domenig, der 1998 den Wettbewerb zur Gestaltung des Dokumentationszentrums Reichsparteitagsgelände gewonnen hatte, ging es darum, ganz bewusst einen Kontrapunkt zur Nazi-Architektur zu setzen. Mit seinem stählernen Keil, durch den der Besucher in den Ausstellungsbereich gelangt, durchbohrt er die Natursteinfassade des Kopfbaus der nie ganz fertiggestellten Kongresshalle. Der Bau liquidiert sich sozusagen selbst.

2001 eröffnete die Stadt das Doku-Zentrum am Dutzendteich und erntete für diesen Akt, sich mit der Vergangenheit auseinanderzusetzen, viel Anerkennung. Auf 1.300 Quadratmetern gibt unter anderem die Ausstellung »Faszination und Gewalt« einen Eindruck von einem Ort, der im Unterschied zu den KZs kein Ort der Opfer, sondern der Täter war. Albert Speer, Hitlers bevorzugter Baumeister, entwarf auf 24,5 Hektar das Reichsparteitagsgelände – jene Bühne, auf der sich die Nazis der Welt präsentierten. Zeppelinfeld und Zeppelintribüne, Kongresshalle und Baugrube des Deutschen Stadions waren die monströse Hinterlassenschaft, auf die die Stadt reagieren musste. Dass sie dies in Form eines Dokumentationszentrums tat, ist einer der Glücksgriffe in der neueren Stadtgeschichte. Nicht nur für Schulklassen und Touristen aus dem In- und Ausland hat es seine Attraktivität bewiesen. Mit seinem museumspädagogischen Konzept ist es gelungen, gerade auch Nachgeborenen einen nachhaltigen Eindruck der damaligen Ereignisse zu vermitteln. Das Studienforum bietet Bildungsangebote zu Einzelthemen und einer generellen Einordnung, während Sonderausstellungen die NS-Ideologie ergänzend beleuchten. 2021 stehen die Zeichen auf Aus- und Umbau der Räume und der Dauerausstellung – die Folge ist ein eingeschränktes Angebot für etwa drei Jahre.

Adresse Bayernstraße 110, 90478 Nürnberg-Dutzendteich, Tel. 0911/2317538, www.museen.nuernberg.de/dokuzentrum | ÖPNV Straßenbahn 5, Bus 65, 92, Haltestelle Doku-Zentrum | Öffnungszeiten Mo–Sa 9–18 Uhr, So 10–18 Uhr; Führungen möglich | Tipp Im Sommer finden im Serenadenhof der Kongresshalle Open-Air-Konzerte statt – von Jazz über Klassik und Comedy bis Rock.

20 Der Ebenseesteg

Die hölzerne Schlange durchs Pegnitztal

Es ist ein erhebendes Gefühl, auf dem Ebenseesteg über das Pegnitztal zu gehen. Wie eine hölzerne Riesenschlange verbindet er Erlenstegen und Mögeldorf. Schier endlose 260 Meter kann man entlangschreiten, federnd rennen, lustwandeln, manchmal fast schweben. Und das seit Mitte Dezember 1909.

Die Geschichte, wie es dazu kam, geht so: Im April 1908 war die Baufirma Popp und Weisheit auf die Stadt zugegangen, weil sie auf eigene Kosten einen Talübergang zwischen den beiden Stadtteilen errichten wollte, weil sie am Ebensee eine Villenkolonie mit 75 Häusern plante. Da jedes Hochwasser den Weg durch die Wiesen über die Heubrücke nach Erlenstegen (und zur dortigen Straßenbahnhaltestelle) blockierte, sollte ein Holzsteg her. Unter gewissen Bedingungen – dazu gehörte eine Höhe von 3,70 Metern, damit Heuwagen unten durchfahren konnten – stimmte die Stadt zu.

Insgesamt 27.789,58 Mark kostete der Steg, den bald nicht nur betuchte Villenbesitzer, sondern auch Ausflügler und Mögeldorfer Arbeiter nutzten. Da Popp und Weisheit dies mit Zahlen belegen konnten, übernahm schließlich die Stadt 1912 den Ebenseesteg gegen eine Kostenerstattung von 16.000 Mark. Bis heute belasten notwendige Sanierungen immer wieder die Kasse der Kommune, weil Wind, Wetter und Vandalen unberechenbar zuschlagen. 1987 verschlang die Totalsanierung 400.000 Euro. Seit 2003 mussten mehrfach morsche Bohlen ersetzt sowie seitliche Gitter, Dämmungen und statische Verbesserungen eingebaut werden, was auch die Klappergeräusche spürbar reduziert hat.

Das bringt immer wieder temporäre Sperrungen mit sich, doch im Rathaus denkt heute niemand mehr an einen Abbau, selbst wenn Hochwasser selten geworden sind. Merke: Der schwungvolle Steg ist einfach zu populär. Erst recht, wenn eine Schafherde davor grast und der Blick von oben durch das Tal etwas Malerisches hat. Dann möchte man stundenlang drüberflanieren.

Adresse zwischen Erlenstegen und Mögeldorf, 90482 Nürnberg-Mögeldorf | ÖPNV Straßenbahn 8, Regionalzüge, Haltestelle Erlenstegen | Tipp Das östliche Pegnitztal ist seit 17. Dezember 2018 offiziell als Naturschutzgebiet ausgewiesen und bietet einen abwechslungsreichen Weg bis nach Schwaig, auf dem auch der Fünf-Flüsse-Radweg verläuft.

21 Eddy Would Attack

Kaffee, Rad & Hilfe

Nürnberg will eine Fahrradhochburg werden, doch dafür muss noch einiges getan werden. Damit das nicht erst 2050 der Fall sein wird, haben »Radlbotschafter« über 26.000 Unterschriften für einen Radentscheid gesammelt. Der Startschuss dafür fiel im Februar 2020 im wegweisenden Rad-Café mit dem angriffslustigen Namen Eddy Would Attack.

Der Chef heißt nicht Eddy, sondern Oli, genauer: Oliver Schwarzäugl. Mit Rädern hatte der Hotelfachmann, Jahrgang 1969, lange nichts zu tun. Er führte mal das Café »Lindbergh«, kümmerte sich später um Haushalt und Kinder. Dann bekam er von seiner Frau an Weihnachten 2012 ein Rennrad geschenkt. Damit meisterte er das »L'Eroica«-Hobbyrennen über 209 Kilometer durch die Toskana, 2015 nahm er an der britischen Variante teil. Als er dabei in London auf das Rad-Café »Look mum no hands« stieß, machte es klick.

Er hat das Souterrain einer Ex-Metallwerkstatt beim Sterntor gemietet, zu der eine steile Treppe führt. Alles ist in einem großen Raum versammelt: Hinten befindet sich die Werkstatt, davor stehen und hängen Rennräder berühmter Marken wie Basso, Cinelli oder Bianchi. Und vorn ist der Tresen samt Kaffeemaschine, die mit Bohnen von Passalacqua aus Neapel gefüttert wird. Auf langen Turnhallenbänken genießt man Espresso und Cornetti, umgeben von erlesenen Dingen, die ums Fahrrad kreisen: Magazine, Stahlrennradbücher, Prachtstücke für Kopf und Hintern oder Kleidungsstücke wie die wasserabweisenden Alberto-Jeans.

Ein Kanonenofen heizt kräftig ein, während der Namenspatron an der Theke präsent ist. Wie Radrennlegende Eddy Merckx auf dem Foto greift auch Oli seit Judo-Jugendtagen lieber an, statt zu zaudern. So auch im November 2016, als sein Kompagnon kurz vor der Eröffnung absprang. Der Mann mit dem ausgeprägten Helfersyndrom hüpfte ins kalte Wasser – drei Tage repariert er nun Räder, zwei Tage berät und bedient er Kunden. Und ist glücklich dabei.

Adresse Frauentormauer 18, 90402 Nürnberg-Altstadt, Tel. 0911/25306162 | ÖPNV U 2, U 3, Haltestelle Opernhaus | Öffnungszeiten Mo, Di, Mi, 8–12 Uhr, Fr 8–15 Uhr, Sa 10–15 Uhr | Tipp Wenn man die Frauentormauer in Richtung Neues Museum weitergeht, stößt man rechter Hand auf den städtischen Skulpturengarten, der zu jeder Jahreszeit ein eigenes Flair entwickelt – sehenswert!

22 Das Ehekarussell

Was ein Brunnen über die Ehe zu erzählen hat

In seinem Gedicht »Das bittersüße eh'lich Leben« läuft Hans Sachs zu großer Form auf. Himmel und Hölle setzt er in Bewegung, um seine Ehe zu beschreiben. Mal Engel, mal Teufel sei die Angetraute, bekennt er, mal Wünschelrute und Rosenstrauch, mal Blitz und Donner. Aneinandergekettet und in inniger Streitlust verbunden, begegnen wir den beiden in einer Feuergondel im Reich der Finsternis; er ein tanzender Teufel, sie sein teuflisch' Eheweib.

Zwar trägt er noch goldene Haare, und selbst sein Gemächt schimmert leicht golden, doch schon bald wird er von den Flammen verzehrt werden. Das gleiche Schicksal wird sie ereilen. Sie, die schon mal das Mieder geöffnet hat, um mit ihren opulenten Brüsten zu locken, ein letztes Mal. »Bis dass der Tod euch scheidet«, steht auf einem Stein, der nicht zufällig wie eine Grabplatte aussieht. Er scheint der einzige Hoffnungsschimmer in dem finsteren Treiben zu sein.

Es ist eine derb-drastische Bildsprache, die sich der Bildhauer Jürgen Weber für den Brunnen am Weißen Turm hat einfallen lassen. »Hans-Sachs-Brunnen« heißt er eigentlich, doch schnell wurde daraus das »Ehekarussell«. Viele Nürnberger waren entsetzt, als die neobarocke Höllenfahrt Mitte der 1980er Jahre enthüllt wurde, im hinteren Teil der Fußgängerzone, eingerahmt von C&A und Wöhrl. Sogar ein Baustopp wurde verfügt, doch das Riesending war nicht mehr zu verhindern. Mittlerweile haben sie sich daran gewöhnt. So war er eben, ihr Hans Sachs, der Sänger und Poet, der im Hauptberuf ihre Schuhe besohlte.

»Dou siggsders, wos draus wärd, aus dera Liehm und dem ganzn Zeich«, denkt sich der Betrachter beim Anblick der Figuren und findet seine Heiratsphobie gar nicht mehr so schlecht. Oder auch: »Das Schöne ist nur des Schrecklichen Anfang.« Das ist nicht von Hans Sachs, sondern von Rilke. Auch der war mal verheiratet, aber nur kurz. Dann floh er. Nach Paris, in Rodins Atelier.

Adresse Am Weißen Turm, 90402 Nürnberg-Altstadt | ÖPNV U 1, Haltestelle Weißer Turm | Tipp Von Jürgen Weber gibt es einen zweiten Brunnen am Eingang zum Hauptmarkt, »Das Narrenschiff«, nach dem Roman von Sebastian Brant.

23 Die Eine-Welt-Villa

Voll Stuff neben den Gleisen

Es gibt keinen Wegweiser. Aber manchmal hört man ein Huhn gackern, was einen Fingerzeig am Ende der kurzen Reitackerstraße liefert. Diese verlief mal westwärts bis nach Leyh, doch Bahngleise, Ludwigskanal und der Frankenschnellweg haben ihr den Weg abgeschnitten. Das hat wohl dazu geführt, dass am Südzipfel von Gostenhof neben dem Aktivspielplatz in der Austraße ein Garten verwilderte. Und der ist Stephan »Stuff« Klier 2013 angeboten worden.

Klier wohnte damals nur einen Steinwurf entfernt und stand vor der Frage, ob er nach dem Auszug der Patchwork-Familie allein auf 140 Quadratmetern wohnen möchte. Für den Multiberufler, der nach vier Semestern Philosophie, Soziologie und Politikwissenschaft auf Kunstschmied und Stahlkünstler umgesattelt war, kam das Angebot wie gerufen. Bildete es doch die Gelegenheit zu einer nachhaltigen Entwicklung, indem der Prototyp einer selbst entworfenen Eine-Welt-Villa entstand – als Gegenentwurf zum gängigen Immer-mehr-Anspruchsdenken in der Gesellschaft.

Das Ergebnis ist eine 13 Quadratmeter kleine Unterkunft mit Gemüse- und Kräutergarten zum Selbstversorgen. Innen dominiert Minimalismus, wo zwei Gaskochstellen, ein kleines, rundes Waschbecken, eine Tatami-Matratze und etwas Stauraum für Bücher, Geschirr und Gitarre dem Hausherrn genügen. Vor der Tür gibt es eine Öko-Toilette, eine Freiluftdusche, einen Wassertank und Secondhand-Stühle für lange Gespräche am Abend mit Gästen.

Solarzellen auf dem Dach liefern Strom, ausrangierte Steppdecken dämmen Wände, und den Rest erledigt bei Bedarf eine gute Nachbarschaft (etwa eine warme Dusche im Winter). Die Tür zum spartanischen Holzhaus steht im Prinzip immer offen. Stuff sieht sie eh als »soziale Plastik«, wobei er Neugierige zum Wohnungstausch einlädt. Das führt zum intensiven Nachdenken über die eigenen Bedürfnisse. Erst recht, wenn Züge laut kreischend vorbeirollen.

Adresse Reitackerstraße 18, 90429 Nürnberg-Gostenhof, Kontakt per E-Mail: stuff.be.klier@web.de | ÖPNV U1, Haltestelle Rothenburger Straße | Tipp Um drei Ecken liegt in Gostenhof der Jamnitzerpark, der nach mehreren Beteiligungsrunden mit der Nachbarschaft bis März 2022 beispielhaft umgestaltet worden – mit passenden Angeboten und Nische für alle Altersgruppen und einem Fontänen-Wasserspiel für alle.

24 »Ein Stück vom Glück«

Wenn weniger viel mehr ist

Es war im Jahr 2009, als das Glück im Nürbanum auftauchte. Und das im Backsteingebäude von Bereich L 1a am Roten Platz des früheren Philips-Areals, das ab Mitte der 1990er Jahre ein Businesspark mit 170 Firmen quer durch den Branchengarten wurde. Aus der »Bistrothek Glück« wurde im März 2014 dann die Espressobar »Ein Stück vom Glück«, mit der Stefanie und Michael Leibbrandt das Glückskonzept von Ulla Compensis stimmig weiterentwickelt haben.

Vormittags winkt bis 11 Uhr das Frühstücksglück, wahlweise mit dem Schwerpunkt süß, Meer, Käse, gemischt oder »vom Huhn«. Mittags wird neben Antipasti, Salaten und Snacks täglich ein warmes Gericht serviert, das wie alle Speisen frisch zubereitet wird. Ganz nach der persönlichen Glücksformel »Weniger ist mehr« dominiert der Dreiklang »klein, frisch, lecker« mit Produkten von regionalen Erzeugern.

Dass hier mit Liebe gearbeitet wird, spürt man gleich beim Reingehen, wo einen ein Läufer mit Herz und der Aufschrift »Auf ins Glück« begrüßt. An den Wänden hängt hier ein Poster von Doris Dörries »Glück«-Film, dort eine Fotografie mit himmelhoch fliegenden Kirschblüten, und schöne Schwarz-Weiß-Bilder sind auch vertreten. Alles wirkt wohlkomponiert, inklusive der Rauminstallation über der Theke, die mit dem uralten Fernseher an die heile Welt der Wirtschaftswunderzeit erinnert. Da innen nur sechs Tische reinpassen, gibt es weitere Plätze draußen vor der Tür – plus Spielangebote für Kinder zur warmen Jahreszeit.

Letztlich ist die Espressobar ein Gesamtkunstwerk, in dem Stammgäste vorbestellen und Stücke vom Glück nicht auf Essen und Trinken beschränkt sind. Ein privater Rat oder ein ansteckendes Lächeln? Aber gern! Und jeden Freitag kann man zwischen einem Paar Weißwürsten mit Breze und selbst gemachtem Kaiserschmarrn mit Apfelmus wählen. Beides potenzielle Glücklichmacher – danach kann das Wochenende kommen.

Adresse Allersberger Straße 185, 90461 Nürnberg- Glockenhof, Tel. 01702889011, www.ein-stueck-vom-glueck.de | ÖPNV Straßenbahn 7, Haltestelle Tristanstraße, Bus 45, 65, Haltestelle Hiroshimaplatz | Öffnungszeiten Mo – Fr 9.30 – 15 Uhr | Tipp »Das blaue Haus« ist eine Gaststätte im Nürbanum, die wegen der blauen Fassade und eines tierischen Gemäldes über dem Eingang auffällt.

25 Das Eis im Glück

Einzigartige Kugeln

Eis essen macht glücklich. Das wissen wir alle. Vor allem im Sommer, wenn die Temperaturen über 30 Grad steigen. Dann können zwei Kugeln in der Waffel den Tag retten. Das Geschäft damit machen seit Ewigkeiten italienische Eisdielen. Wie »Cristallo« in Mögeldorf, »Campo« in Schniegling und andere Familienbetriebe, die aus dem berühmten »Tal der Gelatieri« in den Dolomiten stammen, die zwei Drittel der rund 4.000 Eisdielen in Deutschland führen. Doch auch diese Branche ändert sich. Das Monopol der Norditaliener schmilzt, weil Nachfolger fehlen, aber auch weil mutige Newcomer neue Sorten flockig und bio aus dem Hut zaubern. Wie Michael Medrea und Katrin Hirschmann, die ihre gemeinsame Liebe zum Eis zu einem Geschäftsmodell gemacht haben, das schlicht und ergreifend »Eis im Glück« heißt.

Unter diesem Namen eröffnete das Paar 2013 seine erste Eisdiele am Friedrich-Ebert-Platz, die wie eine Eisbombe einschlug. Vor allem wegen der heißkalten Herausforderungen. Wer hatte vorher schon Gurken-, Meerrettich-, Tzatziki-, Radler-, Basilikum- oder Rote-Bete-Eis geschleckt? Da Skeptiker vorab ein Löffelchen probieren durften, waren Enttäuschungen selten. Umso glücklicher waren die Kunden, deren Geschmacksknospen genussvoll jubelten.

Das sprach sich herum. Im Sommer 2016 folgte Standort zwei am verkehrsberuhigten Fenitzerplatz, wo Eltern draußen ihr Eis genießen, während die Kinder am Spielplatz toben. Ideal! Ein gutes Dutzend Sorten ist groß an der Fensterscheibe der fröhlich und familiär eingerichteten Eisdiele angeschrieben. Kübiskernöl, Chai Latte, Ananas-Minze und Salzbrezel wurden schon gesichtet. Und die kreativen Eisdealer jonglieren munter weiter mit 100-prozentig natürlichen Aromen und regionalen Zutaten. Nach der Filiale drei am Ostbahnhof kam 2021 die Nummer vier beim U-Bahnhof Bärenschanze in Gostenhof hinzu. Als letzter Schrei gelten Eisautomaten mit Glücksbechern. Sechs hängen bereits im Stadtgebiet.

Adresse Fenitzerplatz 4, 90489 Nürnberg-Rennweg, Tel. 0911/47895050, www.eisimglueck.de | ÖPNV U2, Haltestelle Schoppershof, Straßenbahn 8, Haltestelle Stresemannplatz | Öffnungszeiten März–Okt. täglich 12–20 Uhr (je nach Wetter kürzer oder länger) | Tipp Innovative Eiskugeln kann man auch anderswo probieren, zum Beispiel bei der »Kleinen Eismanufaktur« in der Weißgerbergasse 28 (Altstadt) oder im Dolomiddi in der Winner Zeile 31 (Laufamholz).

26 Der Eisweiher

Idylle und Abgründe am Rand von Fischbach

Der Eisweiher birgt so manches Geheimnis. Zartere Gemüter könnten sich gruseln, wenn sie mehr darüber erfahren. Aber fangen wir bei den schönen Dingen an. Dazu gehört die kleine Insel in der Mitte des Gewässers, das im Fischbacher Wald liegt. Schlanke Birken sind emporgewachsen, flankiert von einem Baumstumpf, bevölkert von Enten und Gänsen, die sich dort sehr heimisch fühlen. Nicht weit entfernt sitzen häufig Angler vom Fischereiverein Noris am Ufer und warten darauf, dass was anbeißt. Karpfen, Zander, Rotaugen, Schleien, Aale und Hechte tummeln sich in den kühlen Fluten, erzählen die Experten, die gern ihre Prachtstücke herzeigen.

Nachmittags drehen Spaziergänger, Jogger und Nordic Walker ihre Runden, nicht selten in Verbindung mit einer längeren Wanderung durch den Nürnberger Osten bis zum Valznerweiher oder zum Tiergarten. Einsam fühlt man sich am rundlichen Weiher, der vom Fischbach gespeist wird, jedenfalls nicht. Und weil's so idyllisch ist und sich die Wolkengebirge hübsch auf der Wasserfläche spiegeln, hat der staatliche Forstbetrieb ein paar hölzerne Sitzbänke aufgestellt, damit man alles in Ruhe genießen kann.

Früher kamen im Winter Bierbrauer mit Pferdewagen vorbei, um ausgesägte Eisschollen zu den Kellern unterhalb der Burg zu bringen. Daher der Name Eisweiher. Heute weist die Stadt am Rand auf die Überflutungsgefahr bei der Furt im sumpfigen Steckerlaswald hin. Ansonsten finden sich in Archiven einige Zeugnisse von kriminellen Vorfällen. Im September 1917 wurde unweit des Eisweihers ein Vizewachtmeister erschossen, woran eine Stele erinnert; 66 Jahre später verschwand eine Postbotin spurlos, während ein Jahr später ein Rentner tot aufgefunden wurde. Im Sommer 2019 stieß derweil ein Metallsammler auf eine Sprenggranate, die explodierte und ihn an den Händen verletzte. Ja, im Umkreis des Eisweihers lauern Abgründe. Bitte Obacht geben!

Adresse im Wald von Fischbach nahe des Eisweiherwegs, 90475 Nürnberg-Fischbach | **ÖPNV** Bus 56, Haltestelle Flachsröste | **Tipp** Der Eisweiherweg führt direkt zum Pellerschloss, dessen Anfänge ins 14. Jahrhundert reichen und das heute der Stadt gehört; dort finden Feiern und auch Kulturveranstaltungen statt.

27 Das Ellenbogengässchen

Keckes Unikum

Man kann leicht am Ellenbogengässchen vorbeilaufen. Es befindet sich zwar zentral in der Sebalder Altstadt unweit von Wolff'schem Rathaus, Haus Eckstein, Gesundheitsamt und Fembo-Haus. Aber zwischen Burgstraße und Unterer Krämersgasse gelegen, ist es eingangs keine drei Schritte breit und nur knapp zwei Steinwürfe lang, also winzig. Zudem existiert es in dieser Form erst seit 1997 und taucht bis heute in keinem offiziellen Stadtplan auf – im Gegensatz zum Ellenbogen in Erlangen oder zur Ellenbogengasse in Wiesbaden. Das heißt, man muss das gute Stück entdecken. Was unverhofft passieren kann, wenn man die Keller-Kulturbühne »Keck« besucht. Direkt neben dem Treppenabgang verläuft nämlich das Ellenbogengässchen.

Dass der Ellenbogen an dieser Stelle zu Ehren kam, hat mit dem Architekten Dieter Fritsch zu tun. Er erhielt in den 1990er Jahren den Auftrag, das neue Haus der evangelisch-lutherischen Kirche in Nürnberg zu entwerfen. Dafür musste er das Druckerei-Anwesen an der Burgstraße umgestalten. Als fortschrittlicher Geist und überzeugter Altstädter verknüpfte Fritsch die alte Bausubstanz mit Glaselementen und klaren Baulinien, was sich letztlich überzeugend einfügte.

Was den Ellenbogen betrifft: Auf den war Fritsch im Zuge von umfassenden Quellenstudien gestoßen. Alte Pläne aus dem 17. Jahrhundert wiesen verwinkelte bis gebogene Gassen in diesem Bereich des Burgviertels auf. Sie inspirierten ihn dazu, am Rand des Anwesens einen gassenartigen Durchgang zu integrieren. Der Name lag wegen der leicht gebogenen Form auf der Hand. Und weil das Grundstück nicht der Kommune, sondern der Kirche gehört, musste nicht mal der Stadtrat einen Beschluss fassen. Zwei echte Straßenschilder hängen trotzdem. Und ausgangs winkt in der Unteren Krämersgasse all denen, die nicht vorbeigelaufen sind, ein schöner Blick auf den Sinnwellturm.

Adresse 90403 Nürnberg-Altstadt | ÖPNV Bus 36, Haltestelle Burgstraße, Bus 37, 46, 47, 94, Haltestelle Rathaus | Tipp Das Nürnberger Burgtheater residiert rund 200 Meter entfernt in der Füll 13, wo beim Kabarett nicht der Ellenbogen, sondern die spitze Zunge regiert.

28 Das Enver-Şimşek-Mahnmal

Nie wieder!

Man muss hierherkommen. In die Liegnitzer Straße, rechter Hand am Waldrand, gut 300 Meter vor Altenfurt. Wo bunte Sträuße in dunklen Plastikeimern am Straßenrand stehen. Am 9. September 2000 saß der türkische Blumenhändler Enver Şimşek hinter einem Klapptisch, als Urlaubsvertretung für den Standverkäufer. Am frühen Nachmittag wurden acht Schüsse auf ihn abgefeuert, zwei Tage später starb er.

Der 38-Jährige aus Hessen war das erste Opfer des Nationalsozialistischen Untergrunds (NSU). Doch das wurde erst über elf Jahre später bekannt, als die mutmaßlichen Mörder Uwe Mundlos und Uwe Böhnhardt tot in einem ausgebrannten Wohnmobil lagen und ihre Komplizin Beate Zschäpe, die 2018 nach einem fünfjährigen Marathonprozess als Mittäterin zu lebenslanger Haft verurteilt wurde, Bekennervideos versandte. Zwischen 2000 und 2007 ermordete der NSU neun Migranten und eine Polizistin, verübte 43 Mordversuche, drei Sprengstoffanschläge und 15 Raubüberfälle. Es ist unfassbar und beschämend, dass die Ermittler zuvor rechtsextreme Hintergründe der Verbrechen ausschlossen, die Täter im Umfeld der Opfer suchten und Angehörige stigmatisierten. Auch nachdem in Nürnberg der Änderungsschneider Abdurrahim Özüdoğru (13. Juni 2001) in der Gyulaer Straße und der Imbissbetreiber Ismail Yasar in der Scharrerstraße (9. Juni 2005) erschossen worden waren.

In Nürnberg wurde am 21. März 2013 ein NSU-Mahnmal am Kartäusertor eingeweiht, in Verlängerung der Straße der Menschenrechte. Eindringlicher spürt man das »Nie wieder!«-Gefühl aber am Ort der Morde. Dort gab es lange nur kleine Tafeln, Minibilder, ab und zu Kränze. Das hat sich geändert: In Absprache mit der Familie wurde die Fläche in der Liegnitzer Straße minimal umgestaltet und am 13. September 2021 nach Enver Şimşek benannt. Würdevoller geht die Stadt auch mit den anderen NSU-Tatorten um. Das ist erfreulich.

Adresse Liegnitzer Straße / östlich der Gleiwitzer Straße, 90475 Nürnberg-Langwasser | ÖPNV Bus 54, 59, Haltestelle Gleiwitzer / Liegnitzer Straße | Tipp Seit März 2007 läuft die Aktion »Bäume für die Menschenrechte«, von denen bereits über 80 Ginkgos an unterschiedlichen Orten in Nürnberg stehen; vier wurden auch beim NSU-Mahnmal am Kartäusertor gepflanzt.

29 Das Fembo-Haus

Was für eine Fassade!

Auf dem Weg vom Hauptmarkt hoch zur Kaiserburg läuft man direkt am Fembo-Haus vorbei. Dort winkt im 1953 eröffneten Stadtmuseum eine Reise durch die rund 970-jährige Geschichte Nürnbergs, auf der man Originalräume begehen, kunstvolle Barockstuckdecken besichtigen, Hörspielen lauschen und das »Tönende Altstadtmodell« aus Lindenholz bewundern kann, das im Maßstab 1:500 den Zustand vor dem Zweiten Weltkrieg zeigt. All diese historischen Schätze sind auf alle Fälle einen Besuch wert, doch davor oder danach muss man unbedingt vor dem einzigen großen Kaufmannshaus der Spätrenaissance, das den Bombenhagel des Zweiten Weltkriegs einigermaßen heil überstanden hat, stehen bleiben – und auf die einzigartige, prachtvoll gestaltete Sandsteinfassade schauen.

Da gibt es über dem Eingang ein Chörlein von 1680, die Giebelschräge ist reich an Voluten, Obelisken und Blumenvasen, dazwischen zieren Säulen und Brüstungsreliefs mit allegorischen Darstellungen der vier Elemente den Giebel, flankiert von einer kleinen Sonnenuhr. Während eine betuchte Fortuna-Bronzefigur von ganz oben winkt, beginnt am seitlichen Dach ein munteres Spiel aus Türmchen und Spitzen. Und an der Seite scheint im obersten Geschoss ein Bogenschütze aus einem Steinrelief zu zielen. Ein interessantes Detail.

Zwischen 1591 und 1596 hatte Philipp van Oyrl, ein Tuchhändler aus den Niederlanden, den Prachtbau errichten lassen, den im 17. Jahrhundert der Patrizier Christoph Jakob Behaim zu einem glanzvollen Wohnpalais umgestaltete. Im 18. und 19. Jahrhundert entstanden in Kupfer gestochene Landkarten, die berühmte »Homännische Landkartenoffizin« hatte hier ihren Sitz. Dann erwarb Georg Christoph Franz Fembo das Haus, das er 1928 an die Stadt verkaufte. Nach dreijähriger Renovierung wurde das Fembo-Haus im Jahr 2000 wiedereröffnet, inklusive der runderneuerten Multivisionsschau »Noricama«. Die war im Dürer-Jahr 1971 eine Sensation.

Adresse Burgstraße 15, 90403 Nürnberg-Altstadt, Tel. 0911/2312595 | ÖPNV Bus 36, Haltestelle Burgstraße | Öffnungszeiten Di–Fr 10–17 Uhr, Sa, So 10–18 Uhr | Tipp Wer die Burgstraße immer weiter hinaufgeht, landet vor der Jugendherberge, die während der NS-Zeit in der früheren Kaiserstallung eingerichtet wurde. Anfang der 1950er Jahre folgte nach dem Wiederaufbau der Neustart, 2013 wurde die Attraktion mit zwölf Etagen umfassend saniert und modernisiert (Tel. 0911/2309360).

30 Der Goldene Saal

Eine bizarre Hinterlassenschaft

Was für ein pathetischer Ort! Vor und nach seinen Reden gleich nebenan auf der Zeppelintribüne hielten sich der »Führer« und seine Entourage in diesem Raum auf. Ein acht Meter hoher, rechteckiger, rund 335 Quadratmeter großer Saal, die Wände mit Marmorplatten verkleidet, die goldene Mosaikdecke, der er seinen Namen verdankt. In die Decke eingearbeitet Reihen von goldenen Hakenkreuzen, ineinander verschlungen. Eine feierlich-sterile Atmosphäre beherrscht den Raum, der wie eine Mischung aus Mausoleum und heidnischer Opferstätte wirkt. Ein Ort, der alles umgehend mit Bedeutung und dem Wunsch nach Bedeutung auflädt, nach historischer Größe, der beim Besucher aber nur sanftes Gruseln hervorruft.

»Wir Anarchisten der Bühne füllten den Ort mit einer neuen Bedeutung«, erklärte Blixa Bargeld, Sänger der »Einstürzenden Neubauten«, nach einem Konzert seiner Band 1986. Von »Exorzismus« sprach der Musiker. Wie das vor ihm schon Bob Dylan und Tina Turner getan hatten. Musik gegen den Ungeist der Zeiten, den Ungeist einer Ära, die die Welt an den Abgrund führte.

Nach langem Verdrängen und Verschweigen war zwischen 1985 und 2001 die Dauerausstellung »Faszination und Gewalt« im Goldenen Saal untergekommen, die dann ins Dokumentationszentrum abwanderte. Die von Hermann Glaser, Nürnbergs langjährigem Kulturreferenten, maßgeblich inspirierte Ausstellung hatte zum Ziel, den Bombast nationalsozialistischer Ideen mit deren kümmerlicher Realisierung zu konfrontieren, siehe Deutsches Stadion. Gewollt war auch die bewusste Trivialisierung der einst hehren Bauten, indem sie Tennisspielern dazu dienten, ihren Aufschlag zu verbessern, oder Fahrschülern das Einparken beizubringen. Nichts gefährdet und demaskiert pathetische Entwürfe mehr als eine kümmerliche Realität. Die Nordseite der maroden Zeppelintribüne ist inzwischen eingezäunt worden, zehn Jahre war der Goldene Saal geschlossen. Seit einiger Zeit ist er wieder zugänglich – im Rahmen von Führungen.

Adresse in der Mitte der Steintribüne zwischen Zeppelinstraße und Beuthener Straße, 90478 Nürnberg-Dutzendteich, Kontakt über das Dokumentationszentrum Reichsparteitagsgelände, Bayernstraße 110, 90478 Nürnberg, Tel. 0911/2317538 | ÖPNV Bus 65, 92, Haltestelle Doku-Zentrum | Öffnungszeiten nur im Rahmen von Führungen zu besichtigen | Tipp Zweimal im Jahr findet auf dem Gelände neben der Kongresshalle im Frühling und Herbst das Volksfest statt, veranstaltet vom Süddeutschen Schaustellerverband.

31 Das Gostner Hoftheater

Systemrelevant? Aber ja!

Seit Langem eine der wichtigsten Off-Bühnen in der Stadt, wahrscheinlich die wichtigste, die älteste aber sowieso. Was sonst nirgendwo gezeigt wird, hier findet es statt. Der wunderbare, 2016 leider verstorbene Roger Willemsen mit seinem Stück »Habe Häuschen. Da würden wir leben«. Die maliziöse Sibylle Berg oder der dadaistische Max Goldt: Wer gelegentlich Sehnsucht nach intelligenter Ansprache hat, wird hier gut bedient. Oft sind es zeitgenössische Stücke, daneben bearbeitete Klassiker mit und ohne Zeitbezug, viel Kammerspiel und manchmal auch Neues vom Boulevard. Außerdem ist allein schon der vielseitige Thomas Witte einen Besuch wert. Summa summarum: In der Austraße etablierte sich im Lauf der Zeit eine Nische für anspruchsvolle Avantgarde und Alternativkultur gleichermaßen. Junge Besucher sind meist in der Überzahl, aber auch furchtlose Ältere wurden schon gesichtet. Zu viele dürften es bei den 82 Plätzen ohnehin nicht gewesen sein.

Größere Produktionen wie auch die zugkräftigen Kabarett-Gastspiele werden in den Hubertussaal in Gibitzenhof verlegt, da haben bis zu 300 Personen Platz. Musik-Events wie die Wilde Hilde & ihr Trio, aber auch Kabarett, Lesungen und Ausstellungen finden in aller Regel im Loft, der Theaterkneipe im Souterrain, statt. Im Sommer gern auch im lauschigen Innenhof.

1979 von einer Gruppe von Theater-Enthusiasten gegründet, wurde die Bühne schnell zur beliebten Adresse im Künstlerviertel Gostenhof. Alle zwei Jahre organisiert das Hoftheater zudem das Theaterfestival »licht.blicke«, ein Forum für junges Theater vor jungem Publikum.

Interessant auch das Projekt »Kultur-Rucksack«. Hier bekommen Mittelschüler aus sozial benachteiligten Stadtvierteln die Möglichkeit, vier Workshops quasi zum Nulltarif zu besuchen. Für viele ist es der erste Kontakt mit der Welt des Theaters überhaupt. Die Stadt wäre ärmer ohne diese Bühne.

Adresse Austraße 70, 90429 Nürnberg-Gostenhof, www.gostner.de | ÖPNV U 1, Haltestelle Bärenschanze | Tipp Im Viertel gibt es viele schöne Kneipen, wie den »Mops von Gostenhof« in der Volprechtstraße 14 zum Beispiel. Gemütlich sitzen kann man auch im Café Mainhaim in der Bauerngasse 18.

32 Der Gregor Samsa

Kunst, Käfer und scharfes Gulasch

Der »Gregor« gehörte zu den Szenekneipen, die in den 1980er Jahren Kultstatus genossen. Wie der »Peter«, der »Heinrich«, das »Exil« oder die »Magie des Mondes«. Doch während all diese irgendwann verschwanden, hat die Wirtschaft am Ende der schmalen Mörlgasse die Kurve gekriegt. Das war hohe Kunst. Und hatte viel mit Kunst zu tun, die der langjährige Wirt Peter Hoyer im Gregor Samsa gesammelt hat.

In den ersten Jahren beglichen spätere Größen wie Peter Angermann, Rainer Zitta, Dan Reeder oder Harri Schemm ihre Rechnung öfter mit Gemälden. So füllten sich die Wände mit Öl- und Acrylschinken, auf denen es wahlweise wild, bunt, irre, komisch, anstößig, frech und gern hintersinnig zuging. Dazu passten die verrückten Maschinenobjekte von Peter Hammer, der geraume Zeit als Hauskünstler über der Kneipe logierte.

Im Gegensatz zu Franz Kafkas berühmter Erzählung von der nächtlichen Verwandlung des Gregor Samsa zu einem Käfer, von dem im Umfeld der Toiletten in der Regel immer ein Bild hängt, hat sich im gleichnamigen Maxfelder Gasthaus nie etwas auffällig verändert. Selbst als 2015 der Pächterwechsel von Vater Peter auf Sohn Marcel alles andere als geräuschlos über die Bühne ging, blieb konzeptionell alles beim Alten. »Führend in Gulasch seit 1970«, lautet weiter das Motto auf der Speisekarte, wo zehn scharfe Varianten samt einer veganen den Ton angeben.

Ende 2019 kamen die »Gregor-Künstler« sogar zu musealen Ehren, als die Kunstvilla die Herren Angermann, Schemm, Hammer, Zitta und Reeder im Rahmen der Sonderschau »Nürnberger Schule« präsentierten – mit dem süffisanten Zusatz »Führend in Malerei«. Papa Hoyer, der im November 2021 verstorben ist, hat seine ganz persönliche Gregor-Samsa-Galerie hinterlassen. Derweil hängen in der Kneipe vor allem neuere Werke von Dan Reeder, was viel damit zu tun, dass sich dessen Atelier drei Häuser nebenan befindet.

Adresse Maxfeldstraße 79/Eingang Mörlgasse, 90409 Nürnberg-Maxfeld, Tel. 0911/49079650 | ÖPNV U 3, Haltestelle Maxfeld | Öffnungszeiten Mo–Do 18–1 Uhr, Fr, Sa 18–2 Uhr | Tipp Nebenan stößt man im und um den Stadtpark auf so manche Kunststücke. Ob der große Neptun-Brunnen, das Schiller-Relief oder Meide Büdels Stahlplastik. Und die Grünanlage hat sich als Standort von temporären Foto-Ausstellungen profiliert.

33 Das Gutmann

Biergarten mit Blick auf den Dutzendteich

Es ist einer der angenehmsten Orte in Nürnberg: das ehemalige »Cafe Wanner«, das »Gutmann« heißt, seit es die gleichnamige Brauerei 2007 übernommen und samt der lachsrosa Konzertmuschel umfassend restauriert hat. Da sitzt man im Garten an Biertischen und blickt auf den Dutzendteich. Auf der Uferpromenade Müßiggänger, Touristen mit ihrem Kunstführer in der Hand, Spaziergänger, Rentner, Jogger, Rudercracks auf dem Weg zum Verein nebenan. Ein paar Boote, Enten, Schwäne, ein leichter Wind. See-Idylle. Nicht einmal Speers Kongresshalle am anderen Ufer kann stören. Hier hat Nürnbergs berühmter Poet Hermann Kesten seinen Roman »Josef sucht die Freiheit« geschrieben. In einem wahren Schaffensrausch, in wenigen Wochen. Kesten schrieb gern im Café, er brauchte das Anregende, die Lebendigkeit, das Wuselige.

Das Gutmann hat eine wechselvolle Geschichte. Nachdem im 19. Jahrhundert der Dutzendteich zu einem beliebten Naherholungsgebiet wurde, entstand 1899 das erste Parkrestaurant, Vorgänger des späteren Café Wanner. Nicht weit davon entfernt befand sich eine Badeanstalt. Sie musste weichen, als die Nationalsozialisten das Kommando übernahmen. Der Leuchtturm wurde gleich mit plattgemacht. Das Café wurde im Zweiten Weltkrieg zerstört, nach 1945 ließ die Stadt das Naherholungsgebiet wiederherstellen. Dazu hatte der Journalist Peter Luginsland geschrieben: »Ein Nürnberger, der an einem Sonntag nicht an den Ufern des Dutzendteichs weilt, weiß gar nicht, dass überhaupt Sonntag ist.«

Auf der einen Seite, der »halbherrschaftlichen«, saß das Volk bei Dünnbier und einer von zu Hause mitgebrachten Brotzeit. Auf der anderen Seite, der Terrasse, saßen die Betuchten, tranken Eiskaffee und rauchten feine Zigarren. So streng waren die Bräuche. Nun bietet das »Gutmann am Dutzendteich« auch Kleinkunst und den beliebten Senioren-Tanztee an. Ein großes Erbe wird weitergeführt.

Adresse Bayernstraße 150, 90478 Nürnberg-Dutzendteich, Tel. 0911/988187710, www.gutmann-am-dutzendteich.de | ÖPNV Bus 65, 92, Haltestelle Doku-Zentrum | Öffnungszeiten täglich ab 10 Uhr | Tipp Eine Tretbootpartie auf dem Dutzendteich ist sehr entspannend.

34 Der »Haarscharf«-Salon

Schere, Kunst und heiße Drähte

Die silberne Riesenschere im Schaufenster spricht Bände. Sie sagt uns, dass hier nicht irgendwie, sondern »Haarscharf« geschnitten wird. Genauso, wie Richard Schmid 1987 seinen Frisörsalon nannte, als er mit 39 Jahren von der Gartenstadt an den Egidienberg zog. Stadtweit setzte er damit einen Trend. Viele pfiffige Namen wurden damals geboren – wie »Hauptsache«, »Haargenau«, »Haarmonie«, »Cosmic Stylers« oder »Contrast«.

Schon bevor Schmid in der Altstadt zur Schere griff, war er in SPD-Kreisen ein gefragter Coiffeur. Die frühere Familienministerin Käte Strobel gehörte zu seinen Stammkunden – eine Großtante von Ulrich Maly, Nürnbergs OB von 2002 bis 2020, dessen Kopf er seit Studententagen in Form bringt. Seine Grünen-Kundin Verena Osgyan schaffte es 2020 zwar nicht, Malys Nachfolgerin zu werden, doch der drahtige Figaro mit der Nickelbrille, der in Fürth-Poppenreuth Tennis spielt, hat nach wie vor viele heiße Kundendrähte in Richtung Rathaus, Kultur, Wirtschaft und Journaille. Legendär ist seine Kunden-Wahlumfrage von 2002, als die OB-Zahlen bis aufs Zehntel haargenau richtig waren. Seitdem genießt der »Haarscharf« Kultstatus. 2009 zog Schmid 200 Meter ostwärts.

Im verkleinerten Salon läuft meistens Musik von Bob Dylan, und an den Wänden hängen Kunstwerke von Stammkunden: Leuchtendes von Thomas May, Comic-Art von Johannes Häfner, Expressives von Brigitta Heyduck, das famose Frisurenkabinettstück von Udo Kaller – und immer wieder kommt etwas Neues dazu. Bildhauer Hubert Hess hat dem »Udo Walz von Nürnberg« in der Corona-Zeit eine silberne Maske mit schwarzer Schere zugesteckt, die nun neben einem Spiegel hängt. Als Erinnerung an verrückte Zeiten. Ähnlich wie das Anker-Tattoo am Unterarm aus Richards Zeit um 1969 als Schiffsfrisör. Auf einer Kreuzfahrt waren sogar Salvador Dalí und Ehefrau Gala an Bord. Frisieren durfte er den großen Surrealisten allerdings nicht. Schade eigentlich.

Adresse Innere Laufer Gasse 25, 90403 Nürnberg-Altstadt, Tel. 0911/223772 | ÖPNV U 2, U 3, Haltestelle Rathenauplatz, Bus 36, Haltestelle Egidienplatz | Öffnungszeiten Di–Fr 9–18.30 Uhr, Sa 9–14.30 Uhr | Tipp Rund um den »Haarscharf« gibt es viel Gastronomie – mehrere Asiaten und Café-Kneipen sowie das »Delphi«, das »Bella Vista« und die »Bar Europa«.

35 Die Hammer-Siedlung

Soziales Gewissen hinter alten Mauern

Hammerhart ging es hier bis August 1943 zur Sache. Doch bei einem Luftangriff wurde ein Teil der Industriesiedlung unterhalb von Laufamholz zerstört. Und obwohl der Wiederaufbau angestrebt war, sorgte die Ausweisung zum Wasserschutzgebiet 1958 für das Aus der über 600-jährigen Geschichte des Gehöfts Hammer als Produktionsstandort an der Pegnitz.

Los ging es 1372 mit einer Mühle, aus der bereits im 15. Jahrhundert ein Hammerwerk wurde, in dem man Messing herstellte. Zwischen den dicken Sandsteinmauern befand sich im 16. Jahrhundert ein expandierendes Unternehmen mit sozialem Gewissen. 1820 galt das Messingwerk als größte Fabrik Nürnbergs – mit 140 Beschäftigten, die mit ihren Familien in 37 Wohnungen lebten. Es war beispielhaft, wie gut die Beschäftigen ausgebildet wurden und im Krankheitsfall, bei Arbeitsunfähigkeit oder im Alter abgesichert waren.

Es gab Stallungen, eine Schule und auch eine Gaststätte mit einem Saal, wo sich ab 1862 die Stahlbogenschützengesellschaft traf, wie an der Ruine zur »Einkehr zum Hammer« geschrieben steht. Das Wirtshaus ist wie etliche Bauern- und Arbeiterhäuser nicht wieder-aufgebaut worden. Ein paar Fachwerkhäuser sind aber heute noch bewohnt. Im früheren Schulhaus lebt schon lange das Hausmeisterehepaar Watzke, das auch Ansprechpartner für die historische Ausstellung im Uhrenhaus ist, wo noch alte Messingfolien lagern.

Markant steht in der Mitte der Siedlung, wo tagtäglich Radler, Jogger und Spaziergänger vorbeikommen, seit 1861 ein viereckiger Obelisk mit ägyptischen Zeichen, der zuvor 152 Jahre den Volkamer'schen Hesperidengarten in Gostenhof zierte. Schon damals gehörte das Anwesen der Familie von Forster, die es nach 1958 an die heutige N-Ergie verkaufte. Seit 1977 steht Hammer unter Denkmalschutz, aber es wird noch Energie erzeugt: Ökostrom über das Wasserkraftwerk, das 2014 eine Fischtreppe erhielt. Hammerhart!

Adresse Christoph-Carl-Platz 19, 90482 Nürnberg-Laufamholz | ÖPNV Bus 40, Haltestelle Hammer | Öffnungszeiten Ausstellung im Uhrenhaus So 14–17 Uhr (Ostersonntag–Ende Okt.), Tel. 0175/4371902 | Tipp Der NaturErlebnisPfad führt von der Satzinger Mühle bis Hammer durch das Pegnitztal-Ost – mit vielen Stationen und Informationen. Bei Hammer beginnt zudem die Radtour Industriegeschichte mit 26 Stationen auf 80 Kilometer Länge bis zur Simmelsdorfer Mühle.

36 Der Hauptmarkt

Hier weht der Mantel der Geschichte

Der Hauptmarkt ist mitten in der Stadt und hat viel zu erzählen. Wer ihm aufmerksam zuhört, erfährt viel über Nürnbergs wechselvolle Geschichte, angefangen mit der ersten urkundlichen Erwähnung im Jahr 1050 bis in die jüngste Vergangenheit und Gegenwart. Stets waren der Hauptmarkt und die ihn umgebenden Gebäude die Bühne für das historisch-markante Auf und Ab. Vom Judenviertel mit Synagoge (an der Stelle der heutigen Frauenkirche) über den zentralen Handelsmarkt im Mittelalter, den ab 1933 sogenannten »Adolf-Hitler-Platz« und die »Schutthalde« nach der NS-Zeit bis zu seiner heutigen Gestalt prägten ihn diverse Epochen. Kurze Zeit hieß er nach dem Ende des Zweiten Weltkriegs und einer Idee der amerikanischen Streitkräfte sogar »Iron Mike Place«, was sich aber als nicht durchsetzbar erwies.

Viele Gebäude künden noch heute von dieser Geschichte: die Frauenkirche mit dem allmittäglichen Männleinlaufen, bei dem der Platz regelmäßig voll ist mit Schaulustigen, und ihr säkulares Gegenstück, der Schöne Brunnen mit dem Wunschring. Nicht weit davon entfernt befindet sich Deutschlands älteste Buchhandlung, während aus einem Winkel weiter hinten die Türme der Sebalduskirche herüberblicken. Auch die beiden Rathäuser, das Wolff'sche, ein imposanter Renaissance-Bau, und das Neue, eine Bausünde jüngeren Datums, sowie einige Patrizierhäuser gehören zum Ensemble.

Auch als Veranstaltungsort ist der Hauptmarkt wichtig. Ganz gleich, ob es sich um eine Feier des 1. FC Nürnberg handelt (wie zuletzt 2007 nach dem DFB-Pokal-Sieg), um Spargel- und Ostermarkt, die Blaue Nacht oder ums Bardentreffen: Immer ist die trapezförmige gute Stube der Stadt der Ort, wo die Musik spielt. Und in der Vorweihnachtszeit findet der weltberühmte Christkindlesmarkt statt. 2003 war der Platz vollgestellt mit 7.000 grünen Dürerhasen von Ottmar Hörl. Einige fanden es witzig, einige weniger. Zuletzt wurde über feste Stühle und Marktstände diskutiert. Ohne durchschlagenden Erfolg.

Adresse 90402 Nürnberg-Altstadt | ÖPNV Bus 36, 94, Haltestelle Rathaus | Tipp Marktstände bevölkern seit jeher an normalen Werktagen den Hauptmarkt, an die legendäre Marktfrau Marcharedd erinnert eine Büste an der Ostseite.

37 Das Haus der Spiele

Das Pellerhaus am Egidienberg

Wenn Architekturdebatten in Nürnberg entbrennen, dann sind es in aller Regel heftige. Das war in den 1980er Jahren so, als es um die Neugestaltung des Augustinerhofs ging und der in Nürnberg geborene Stararchitekt Helmut Jahn zwei Entwürfe erarbeitete, einen guten und einen nicht so guten. Beide wurden abgeschmettert, unter tätiger Mithilfe der Altstadtfreunde. Mit dem Ergebnis, dass Frankfurt und Düsseldorf heute imposante Jahnbauten haben, auf die sie stolz sind, Nürnberg aber nicht. Der Augustinerhof war lange Zeit eine Endlos-Baustelle gewesen. Inzwischen hat das sogenannte Zukunftsmuseum hier sein Domizil gefunden, eine architektonische Glanztat ist auch das nicht.

Ähnlich entwickelte sich die Sache beim Pellerhaus. Seitdem im Jahr 2000 zuerst das Stadtarchiv und 2012 später dann ein Teil der Stadtbibliothek aus dem denkmalgeschützten Prachtbau am Egidienberg ausgezogen war, wurde über eine neue Nutzung nachgedacht. Nun ist klar, dass es zu einem »Haus der Spiele« geworden ist. Die Idee der Kulturreferentin hatte sich letztendlich durchgesetzt. Damit hat Nürnberg mit seiner Affinität zum Spielzeug ein Spielzeugmuseum und nun eben auch ein »Haus der Spiele«. Der Besucher soll künftig Spiele ausleihen und für sich neu entdecken können. Außerdem stehen ihm kuratierte Spielstationen, Spieleerfindungswerkstätten und Programmierworkshops zur Verfügung.

Lange Zeit galt das 1629 erbaute Pellerhaus mit seinem prunkvollen Innenhof als eins der schönsten Wohngebäude Deutschlands. Im Zweiten Weltkrieg dann weitgehend zerstört, wurde es später wieder aufgebaut, sehr viel funktionaler, aber ebenfalls in gefälliger Form. Nur das Treppenhaus und einige Grundmauern ließen die Ursprungsform des zu Beginn des 17.Jahrhunderts vom Nürnberger Kaufmann Martin Peller gestalteten Gebäudes noch erahnen.

Heute ist es ein Beispiel für gelungenen Stil- und Epochenmix, ein städtebaulicher Hingucker ersten Ranges.

Adresse Egidienplatz 23, 90403 Nürnberg-Altstadt | ÖPNV Bus 36, Haltestelle Egidienplatz | Öffnungszeiten Fr–So 14–17 Uhr | Tipp Ein Besuch der Egidienkirche bei einem Orgelkonzert.

38 Das Haus Eckstein

Gottes Gemischtwarenladen

»Loslassen können« ist das Psychologenwort der Stunde. Ob nach einer Trennung oder zum Beginn des Ruhestands: Gibt es irgendwo Probleme, dann immer, weil der oder die Betreffende nicht »loslassen« können. Man hört die Zauberformel beim »Meditativen Bogenschießen« im Eckstein, dem Haus der evangelischen Kirche in Nürnberg, oder auch bei der Schweige-Meditation »Wenn es nur einmal so ganz still wäre« nach der Gedichtzeile von Rilke. Beide Kurse bringen großen persönlichen Gewinn. Eine Zeit lang Schweigen und Stille mitten in der lärmenden Stadt – ein Geschenk, das an die wesentlichen Dinge im Leben erinnert.

Die Teilnehmer sitzen auf Decken im Meditationsraum des Eckstein gleich unter dem Dach. Wenn man links hinausblickt, sieht man den Turm der Sebalduskirche und hört ihr beruhigendes Geläut, sieht man nach rechts, geht der Blick hinauf zur Kaiserburg und vermittelt ein Gefühl von Sicherheit und Geborgenheit. Beide Ansichten, die weltliche und die klerikale, nimmt man mit nach Hause. Sie werden zu Ruhekissen im immer hektischer werdenden Alltag. Denn auch das macht den Wert einer Stadt aus: über welche kontemplativen Nischen sie verfügt. Und kaum irgendwo sonst werden diese Nischen so seriös angeboten wie im Bereich Spiritualität im Haus Eckstein.

Doch das Haus beherbergt nicht nur das Meditative Bogenschießen. Gleich im Erdgeschoss befindet sich das Café Zeitlos, daneben ist ein großer Saal für Veranstaltungen aller Art, darunter die Theaterbühne Keck, wo es auch mal laut werden darf; vor allem aber haben hier die Evangelische Stadtakademie, das Forum Erwachsenenbildung, die Evangelische Jugend, die Notfallseelsorge sowie diverse Innenstadtgemeinden ihr Domizil. Das Eckstein ist die Steuerzentrale der evangelischen Kirche Nürnbergs. Ein Refugium und ein Ort zum Durchatmen ohne nerviges Konsumieren-Müssen ist es nebenbei auch.

Adresse Burgstraße 1–3, 90403 Nürnberg-Altstadt | ÖPNV U 1, Haltestelle Lorenzkirche, Bus 36, Haltestelle Burgstraße | Tipp Um die Ecke befindet sich beim Albrecht-Dürer-Denkmal auf dem Albrecht-Dürer-Platz der Zugang zu den Felsengängen; ein Förderverein bietet spannende Führungen durch den Untergrund der Nürnberger Altstadt an.

39 Das Heilig-Geist-Spital

Die Gesundheitsreform des Till Eulenspiegel

Schöner als das Spital ist nur der Blick auf dieses. Immer, wenn der Kaiser zu Besuch kam (und das war nicht selten der Fall), blieb er auf der Brücke über die Pegnitz stehen und ließ seinen Blick wohlgefällig auf dem für die damaligen Verhältnisse ungemein kühnen Bauwerk ruhen. Den halben Fluss überspannte es mit zwei anmutigen Segmentbögen aus Sandstein, und es schien sich nicht einmal anstrengen zu müssen dafür. Ein Beispiel mittelalterlicher Solidität und bürgerlichen Gemeinsinns. Ein Stück heile Welt in einer Welt, die alles andere als heilig war.

Gespendet und 1339 auf den Weg gebracht hat es Konrad Groß, eine Art fränkischer Jakob Fugger, der sich mit seinen Reichspfandschaften eine goldene Nase verdient hatte, sodass er sogar dem Kaiser aushelfen konnte, wenn der mal wieder klamm war. Nach einer weiteren Stiftung konnte das Spital sogar einen Arzt anstellen und eine Apotheke mit einem eigenen Pharmazeuten einrichten. Außerdem erhielten die Armen zu ihrer baldigen Genesung einen »Goldenen Trunk« spendiert. Ein Brauch, der sich erhalten hat. So wirbt das inzwischen eingezogene Restaurant mit einem »Heilig Geist Vortrunk«. Er muss, so ändern sich die Zeiten, selbstverständlich bezahlt werden.

Ein Spektakel besonderer Art bescherte Eulenspiegel dem Spital. Für 200 Gulden versprach er, das Haus im Handumdrehen zu räumen, eine Art erste Gesundheitsreform. Gesagt, getan. Auf ein Zeichen humpelten, hinkten und krochen alle Kranken aus dem Gebäude. Kein Wunder, hatte Eulenspiegel ihnen doch gedroht, dass, wer als Letzter herauskomme, zu Pulver verbrannt werde. Der Schelm freilich war da längst über alle Berge.

Heute locken die Weinstuben mit Silvaner und Spargel, Sauerbraten und Schäufele und Nischen, in denen man stundenlang hocken kann. Nicht zu vergessen der Kreuzigungshof. Eine verlässlich trubelfreie Zone. Es sei denn, es ist gerade Bardentreffen.

Adresse Spitalgasse 16, 90403 Nürnberg-Altstadt, Tel. 0911/221761, www.heilig-geist-spital.de | **ÖPNV** U1, Haltestelle Lorenzkirche | **Öffnungszeiten** Weinstube/Restaurant täglich 11.30–23 Uhr | **Tipp** Ganz in der Nähe sitzt der berühmte Schuster und Poet am Hans-Sachs-Platz auf seinem Denkmal, umgeben von der L'Osteria und dem beliebten Café Katz.

40_Das Heizhaus

Kreatives Kollektiv unterm Quelleturm

Ein Fixpunkt in der Skyline des Nürnberger Westens ist der Quelleturm, der Anfang der 1950er gar nicht in den Versandhaus-Plänen von Ernst Neufert enthalten war. Erst 1965 wurde der Schlot für das Heizhaus nachträglich in eine 90 Meter hohe Betonröhre gepackt. Der Quelleturm diente nach der Umstellung auf Fernwärme ab dem Jahr 2000 nur noch für die Werbung mit dem leuchtenden Q-Logo. Als bei der Quelle Ende 2009 die Lichter ausgingen, wurde es ausgeknipst.

Die bange Frage hieß: Was passiert mit dem Riesenkomplex? Es wardas 2012 formierte Quellkollektiv, das über drei Jahre beeindruckendzeigte, was 120 Kreative jeder Couleur im Namen von Toleranz, Solidarität undNachhaltigkeit dort schaffen können. Ende 2015 war dennoch Schlussmit der Zwischennutzung, als ein Investor die Immobilie ersteigerteund alles dichtmachte.

Der Verein Quellkollektiv wechselte 2016 ins deutlich kleinere Heizhaus,das mit der früheren Quelle-Betriebsfeuerwache verbunden ist. 60 Leute wagten auf 2.000 Quadratmetern mit Werkstätten, Ateliers, Büros, Ton- und Videostudios sowie Co-Working-, Ausstellungs- und Veranstaltungsräumen den Neustart – auf eigenes Risiko. Die Macher des alternativen Kreativzentrums konnten die Brandschutzauflagen erfüllen und 2021 eine Bestandsgarantie plus langfristigen Mietvertrag bekommen. Die Feste vor und hinter den blauen Rolltoren gehen seitdem noch ausgelassener über die Bühne – stets mit Blick auf den markanten Klinkerbau gegenüber, der wie der Quelleturm seit 2005 denkmalgeschützt ist.

Die Düsseldorfer Gerchgroup hat 700 Millionen Euro für den Umbau des Versandzentrums veranschlagt, in dem Büros, Einzelhandel, Wohnungen, Gastronomie und soziale Einrichtungen unter dem Namen »The Q« einziehen sollen. 2021 begann der Umbau, der trotz der Gerch-Insolvenz im Jahr 2023 bis Ende 2024 bezugsreif sein soll. Das Heizhaus-Kollektiv wird genau hinschauen.

Adresse Wandererstraße 89c, 90431 Nürnberg-Eberhardshof, www.heizhaus.org | **ÖPNV** U 1, Haltestelle Eberhardshof | **Tipp** Von der Wandererstraße führt die Leiblstraße zum schmalen und ziemlich steilen Leiblsteg, der als einzige reine Fußgängerbrücke über den Frankenschnellweg und die Bahntrasse führt, um die Stadtteile Eberhardshof und Leyh zu verbinden. Seit 2016 gibt es zwei schmucke Spielplätze für kleine und große Kinder auf der Nordseite.

41 Die Hesperidengärten

Lust, Buchs und ein sonniger Clou

Es muss ein Bild für Götter gewesen sein, wenn die Barockgärten blühten. 360 waren es im 18. Jahrhundert, die Patrizierfamilien und Kaufleute ab dem Mittelalter um die Stadtmauer anlegten – als Abtrennung zwischen der Altstadt und den aufstrebenden Vorstädten. Im Zuge der Industrialisierung verschwanden die meisten von der Bildfläche. Entlang der Johannisstraße blieben aber ein paar ansatzweise erhalten, die in den 1980er Jahren rekonstruiert wurden. So erlauben die Hesperidengärten in den wärmeren Monaten eine Rolle rückwärts in die gutbürgerliche Ära der Gartenkunst, in der man zwischen akkurat geschnittenen Buchshecken und exotischen Zitruspflanzen die Lust auf Lyrik, Erotik und Völlerei pflegte.

Das Buch »Nürnbergische Hesperides«, das Johann Christoph Volkamer 1708 verfasste, gilt als kleine Barockgarten-Bibel. Nach der griechischen Mythologie handelte es sich bei den Hesperiden um drei Nymphentöchter, die mit dem Drachen Ladon über den Lebensbaum mit den goldenen Äpfeln wachen mussten, die Herakles schließlich als eine seiner zwölf Taten entwendete. Drei vergoldeten Äpfeln kann man beim Flanieren durch den schönsten Hesperidengarten begegnen, der hinter dem »Barockhäusle« liegt. Die Früchte befinden sich in einer der Steinskulpturen, die im rechtwinkligen Wegenetz integriert sind. Kleinwüchsige Statuen für die vier Jahreszeiten stehen ebenso Spalier wie vier Grazien als Stellvertreterinnen für die Erdteile.

Während der Kiesel unter den Schuhsohlen knirscht, plätschern Brunnen leise vor sich hin. Für Pärchen und solche, die es werden wollen, sind genügend Nischen vorhanden. Und als Clou gibt es seit 1999 auf der Südseite eine Sonnenuhr, auf der ein Messingstab anzeigt, welche Stunde es geschlagen hat. Die Zeichen der Zeit hat auch die Stadt erkannt und im Herbst 2020 die Gärten aufgemöbelt und barrierefrei gemacht. Und wenn alles klappt, folgt schon 2024 die Erweiterung. Das freut doch alle Freunde des Grazilen.

Adresse Johannisstraße 43–47, 90419 Nürnberg-St. Johannis | ÖPNV Straßenbahn 6, Haltestelle Hallerstraße | Öffnungszeiten 1. April–31. Okt. 8–20 Uhr | Tipp Das »Barockhäusle« mit Café und Gasthaus passt bestens zu einem Besuch der Hesperidengärten, besonders während der St. Johanniser Straßenkirchweih im Juni (Kontakt über Tel. 0911/399310).

42 Das Historische Straßenbahndepot

Kleine Reise in die Vergangenheit

Bitte einsteigen zur Fahrt in die Vergangenheit! Als die Straßenbahn noch an der Lorenzkirche vorbeifuhr und die Wagen hinten eine offene Plattform hatten, wo es zog und reinregnete. Die Tickets, die damals Fahrkarten hießen, wurden beim Schaffner gelöst, und wer schwarzfuhr und erwischt wurde, zahlte zehn Mark Strafe, später dann 20. Die Fahrt selbst verlief eher rumpelnd und ruckelnd, in den Kurven quietschte es, stand was auf dem Gleis, wurde wild gebimmelt, man hielt sich an Handschlaufen oder eiskalten Messingstangen fest, die Sitze waren bretterhart und die Verspätungen im Hauptverkehr beträchtlich. Dennoch: Die »Straambers« oder »Strassaboh«, wie sie in Nürnberg hieß, war beliebt.

Wer Lust auf Nostalgie hat, geht ins Historische Straßenbahndepot in St. Peter. Das heißt, er fährt mit der Straßenbahnlinie 6 oder mit der historischen Burgringlinie 15 hin und zuckelt dann durch die Stadt wie anno dazumal. Dann ist auch die Dauerausstellung »Straßenbahnen der Welt« zugänglich, in der rund 130 Jahre Nürnberg-Fürther Straßenbahngeschichte dokumentiert sind, vom Beginn mit der »Ludwigsbahn« und teils noch von Pferden gezogenen Waggons 1835 bis in die unmittelbare Gegenwart. Die entscheidende Zäsur findet am 1. März 1972 statt, als die 3,7 Kilometer lange U1-Strecke zwischen Langwasser und der Bauernfeindstraße eröffnet wird, 22.000 Menschen sind in Nürnberg zum ersten Mal unterirdisch unterwegs.

Heute sehnt sich so mancher nach der »Strassaboh« zurück. Unvergessen die Fahrten, als der Autor Fitzgerald Kusz aus seinen Gedichten las, unvergessen die Fahrt 1983 mit dem Strassaboh-Café im Beiwagen. Schöner als mit den griespuddingfarbenen Zügen kommt man nicht durch die Stadt. Und die VAG und der Verein »Freunde der Nürnberg-Fürther Straßenbahn« werden gemeinsam dafür sorgen, dass das so bleibt.

Adresse Schloßstraße 1, 90478 Nürnberg-St. Peter, Tel. 0911/2834654 | ÖPNV Bus 36, Straßenbahn 6, Haltestelle Peterskirche | Öffnungszeiten jedes erste Wochenende im Monat 10–17.30 Uhr | Tipp Es lohnt sich ein Besuch der Peterskirche – vom Turm hat man einen schönen Blick auf Nürnberg.

43 Das Hutmuseum

Märchenhafte Kopf-Sache

Man muss ein bisschen auf der Hut sein, sonst will man am Ende gar nicht mehr raus. Wegen all der verlockenden Kopfbedeckungen, die einem begegnen – im endlos lang gezogenen Laden mit dem Namen »Herr Brömme und das tapfere Schneiderlein«, besonders aber unten im verwinkelten Hutmuseum. Jenes hat Horst Brömme am 3. Mai 2003 zum 125-jährigen Bestehen im Stammhaus seiner Familie in der Inneren Laufer Gasse 33 eröffnet.

Allein vor der Hutsammlung kann man nur denselben ziehen. Die Klassiker reichen vom Barett über den Borsalino, die Melone und den Panamahut (made in Ecuador!) bis zum Zylinder. Vertreten ist auch der Homburg, den einst Konrad Adenauer als Bundeskanzler trug. Auf Fotos von Bob Dylan sind Stetson und Thunderclap zu sehen, nicht zu vergessen: der schwarze Udo-Lindenberg-Hut von der Firma Mayser. Ihn kann man für 169 Euro im Laden kaufen, den seit 2016 eine junge Dame namens Marie-Luise Schneider führt.

Wie es dazu kam, ist eine märchenhafte Geschichte. 2013 war sie von einem Modedesignstudium in München zurückgekehrt und zog mit einer alten Schulfreundin in den zweiten Stock des Brömme-Hauses. Die Hutmuseum-Führung von Horst Brömme gab es für alle Mieter gratis. Dabei wurde ihr über den legendären Konformateur der Kopf vermessen und die Kunst des Hutmachens samt dem Einsatz der Dampfglocke vorgestellt. Und: Sie war begeistert.

Da der Chef, der den Laden in vierter Generation führte, gerade darüber nachdachte, die Nachfolge zu regeln, lernte »das tapfere Schneiderlein« das Hutmacherhandwerk und übernahm im September 2016 die Geschäfte. Inzwischen bietet sie auch Mode, Kunst und eigene Kreationen an, zu denen ihre Dürer-Kollektion mit dem Feldhasen oder dem Großen Rasenstück auf der Dirndl-Schürze gehört. Im Mittelpunkt steht aber »alles, was den Kopf wärmt und ziert«. Und wenn die Chefin durch das Hutmuseum führt, sollte man viel Zeit einplanen. So spannend ist es. Chapeau!

Adresse Innere Laufer Gasse 33, 90403 Nürnberg-Altstadt, Tel. 0911/47878099 | ÖPNV U 1, U 3, Haltestelle Rathenauplatz, Bus 36, 94, Haltestelle Egidienplatz | Öffnungszeiten Mo–Fr 10–18 Uhr, Sa 10–16 Uhr | Tipp In der Inneren Laufer Gasse gibt es im Umfeld noch mehr kreative Geschäfte – wie Schörgers Papierkiste, S: wie Optik oder Den Laden für (Damen-)Mode und Schmuck.

44 Der Irrhain

Wie die Alten sungen

Ja, auch Nürnberg hat seine Idyllen. Zum Beispiel diesen Spätsommertag vor den Toren der Stadt. Sonnenschein, kaum Wolken, warmes Licht, das noch mal alles gibt. Ein paar Bewässerungsanlagen da und dort. Und sonst Stille, nichts als Stille. Schon Dürer hat hier vor der Natur gemalt. Aus der Ferne grüßt die mittelalterliche Wehrkirche von Kraftshof herüber, daneben ein paar Häuser, viel Grün, ein paar Birken und Schloss Neunhof, Dependance und Ausweichquartier der Burggrafen von Nürnberg.

Davor das Knoblauchsland, Nürnbergs Gemüsegarten. So weit das Auge reicht, Felder mit Lauch, Zwiebeln, Radieschen, Rotkohl, Rüben und den Löchern von kürzlich gestochenem Spargel. Hinten vorm Wald eine Koppel mit zwei einsamen Pferden, schwarz und weiß. Gleich danach kommt man zum Reichswald mit dem Irrhain, erworben vom Pegnesischen Blumenorden, der ältesten Sprachgesellschaft der Welt. Das darf man sich auf der Zunge zergehen lassen.

Über dem uralten, pittoresk verwitterten Portal steht »Irret nicht«, und gleich denkt man an den »Faust« und seine Mahnung »Es irrt der Mensch, solang' er strebt«. So heißt es im »Prolog im Himmel«, und es ist der Herr selbst, der da spricht.

Was denn nun? Irren oder Nichtirren? Oder: Mal so und mal so? Im Irrhain, vom Nürnberger Dichter Carl Phillip Harsdörffer während des Dreißigjährigen Krieges gegründet, lässt sich trefflich darüber nachsinnen. Vom rechten Weg abzukommen muss dabei keiner befürchten. Noch haben sie alle wieder herausgefunden aus dem naturbelassenen, ein wenig wilden Waldstück. Einmal im Jahr verwandelt sich der Irrhain in eine Freilichtbühne, auf der ein Dichterwettbewerb um den »Goldenen Blumentopf« ausgetragen wird. Prämiert wird neben dem Text auch der Vortrag.

Der Blumenorden aber, bis heute ohne Pause existent, ist eines der literarischen Prunkstücke der Stadt. Das hat kein München, kein Berlin, nicht mal Paris.

Adresse Lachfelderstraße, 90427 Nürnberg-Kraftshof | **ÖPNV** Bus 31, Haltestelle Kraftshof | **Tipp** Das Neunhofer Schloss ist sehenswert. Außer dem Barockpark gibt es die Jagdsammlung des Germanischen Nationalmuseums zu bewundern.

45 Das Jazz-Studio

Kellergrüße von Ella und »Trane«

»Jazz ist nicht tot, er riecht nur komisch«, hat Frank Zappa einmal gespöttelt – und damit den Nagel ziemlich genau auf den Kopf getroffen. Dass es bei Jazz-Konzerten heftig müffeln, zugleich aber quicklebendig zugehen kann, ist seit 1957 in Nürnberg nirgends besser zu erleben als im Jazz-Studio. Eingerichtet hat es der gleichnamige, 1954 gegründete Verein in einem Kellergewölbe am Paniersplatz.

Damit auch Nichteingeweihte den Kellerclub finden, weist an der Tetzelgasse ein verbogenes Schild darauf hin. Ein paar Schritte nach dem alten Paniersplatz-Schulhaus geht es 19 Stufen abwärts, den gekrümmten Gang entlang, bis sich der Sesam zum Jazz-Studio öffnet. Als Erstes sticht einem eine rote Ella Fitzgerald ins Auge, deren großformatiges Bild an der Wand hängt. Früher befand sich das Poster direkt über der Bühne, 2004 – zum 50-jährigen Bestehen des Vereins – gab es jedoch eine Veränderung: Der Name von John »Trane« Coltrane fungiert seitdem als Galionsfigur.

Dunkelgrüne gepolsterte Hocker und Bänke haben zeitgleich das Hörvergnügen komfortabler gemacht. Noch einschneidender wirkte sich jedoch das totale Rauchverbot auf die Atmosphäre im Jazz-Keller aus, das nach einem Volksentscheid seit 1. August 2010 in Bayern gilt. Vorbei sind die Abende, an denen Zigarettenqualm, Bierdunst und Kellermief dafür sorgten, dass Jazz-Studio-Besucher noch drei Tage lang komisch rochen. Heute kann man von guter Luft sprechen, was sich allen Unkenrufen zum Trotz bisher nicht negativ auf die Qualität der Konzerte ausgewirkt hat.

Ob bei »Jung und aufregend« mit Studierenden der Musikhochschule, bei Konzerten mit regionalen Größen wie dem Pianisten Dieter Köhnlein oder internationalen Stars: Das Jazz-Studio bürgt für Qualität – und fachkundige Vor-, Zwischen- und Nachspiele im verzweigten Gewölbe mit dem Kneipen-Separee ein paar Treppen tiefer sind garantiert. Gern bis tief in die Nacht.

Adresse Paniersplatz 27/29, 90403 Nürnberg-Altstadt, Tel. 0911/364297 (Büro) oder 0911/224384 (Programmansage), www.jazzstudio.de | ÖPNV Bus 36, 37, 46, 47, Haltestelle Maxtor | Öffnungszeiten Fr, Sa ab 20 Uhr | Tipp Die »The Art of Jazz«- Reihe sorgt seit Jahren für Stargastspiele des Jazz-Studios in der Tafelhalle – inzwischen sind es über 220. Kooperationen gibt es unter anderem auch mit der Kulturwerkstatt Auf AEG, der Villa Leon, der Martha-Kirche, der Musikhochschule und dem Casablanca-Filmpalast.

46_Der Johannisfriedhof

Wo Nürnbergs berühmte Männer ruhen

Wer auf Dürers Spuren in der Stadt unterwegs ist, landet irgendwann hier: vor der schlichten Steinplatte auf dem Johannisfriedhof. Gräber wie dieses finden sich zu Dutzenden. Es ist, als habe das Jahrhundertgenie mit seinem Tod zurück ins Glied treten wollen, so unscheinbar ist dieses Grabmal. Nur die Blumen, oft genug von zarter Verehrerinnenhand abgelegt, geben einen Hinweis darauf, dass da nicht irgendwer liegt.

Die Inschrift freilich ist Legende: »Was an Albrecht Dürer sterblich war, ruht unter diesem Grabhügel.« So der Text auf der Bronzetafel, die Dürer-Freund Willibald Pirckheimer anbringen ließ, bevor er, ganz in der Nähe, selbst seine letzte Ruhestätte fand. Die, die sich nah waren im Leben, sind es auch im Tod.

Auch auf andere berühmte Namen stößt der Besucher: Veit Stoß, Martin Behaim, Veit Hirsvogel, an den auch der glanzvoll restaurierte Renaissancesaal im Tucherschloss erinnert. Aus späteren Jahrhunderten dann der Maler Anselm Feuerbach, der Philosoph Ludwig Feuerbach, der zuletzt in Nürnberg gelebt hatte und hier verarmte, und William Wilson, der Lokomotivführer der ersten deutschen Eisenbahn zwischen Nürnberg und Fürth. Gleich daneben Johannes Scharrer, Mentor und Finanzier des »Adler«. Aus neuerer Zeit wurde die Ehre, auf dem Johannisfriedhof begraben zu sein, dem englischen Rockmusiker, Maler und Dichter Kevin Coyne zuteil, den es nach Nürnberg verschlagen hatte, wo er auch starb.

Eng beieinander sind die Gräber, denn der Platz ist knapp auf dem 1475 geweihten Friedhof. Er war die unmittelbare Antwort der Stadt auf die Pest, die unter ihren Bewohnern wütete. Ein alter Friedhof also, und in seiner Enge und mit den schmalen Wegen zwischen den Grabplatten erinnert er nicht von ungefähr an die Nürnberger Altstadt. So, als wären beide im Dialog miteinander.

Man muss nicht vergangenheitssüchtig sein, um diese Ruhestätte schön zu finden.

Adresse Brückenstraße 9, 90419 Nürnberg-St. Johannis, www.st-johannisfriedhof-nuernberg.de | **ÖPNV** Straßenbahn 6, Bus 34, Haltestelle Johannisfriedhof | **Öffnungszeiten** Okt.–März 8–17 Uhr, 6. Dez.–6. Jan. 8–16 Uhr, April–Sept. 7–19 Uhr | **Tipp** Ein Rundgang durch St. Johannis, Nürnbergs schönsten Stadtteil, lohnt sich in jedem Fall, vor allem am ersten Juli-Samstag bei den Hofflohmärkten, die hier besonders beliebt sind.

47__Der Kachelbau

Ein Paradies für Kinder

Als das Kinderkulturzentrum im April 2001 eröffnet wurde, war das Haus noch von einer Brache umgeben. Zwei Jahrzehnte später ist aus dem Niemandsland des ehemaligen Schlachthofs ein neues Viertel geworden: mit Wohnhäusern, Bürgerzentrum, Kindertagesstätte, Spielplätzen und der Michael-Ende-Grundschule, die sich gleich neben dem »Kachelbau« befindet, wie das Domizil für das Kindermuseum und das Theater Mummpitz liebevoll genannt wird. Der Name hat mit weiß und graublau gestreiften Fliesen an der Fassade des denkmalgeschützten Kief'schen Baus zu tun, der mit Zebrastreifenmuster, langen Glasfronten und großen Bullaugenfenstern einfach prädestiniert war für ein Zentrum der Kinderkultur.

Im gemeinsamen Foyer mit dem Museumsshop befindet sich auch das schnuckelige Café Mahlzahn, das vom Theater Mummpitz geführt wird. Dessen Räume liegen nebenan, samt einer 150 Besucher fassenden Blackbox. Das 1980 gegründete, vielfach preisgekrönte Kinder- und Jugendtheater ist ein Aushängeschild der freien Szene, das auch mit dem »Panoptikum«-Festival längst international für Furore sorgt.

Das Kindermuseum präsentiert in den zwei oberen Etagen seine Schätze, die im »Museum im Koffer« wurzeln, das Kristine Popp 1980 gegründet hat und deren Exponate weiter gebucht werden können. Die begehbare Erdkugel und eine Riesenzelle zum Reingreifen waren zu Beginn Weltneuheiten. Kreativ ergänzt wurde die »Schatzkammer Erde« durch aktuelle Themen (wie Klimawandel oder Palmöl) und das gläserne Regenwaldhaus, wo man Chamäleon Joschi und einer Agamen-Familie hautnah begegnet.

Ein Paradies für Kinder sind auch die Räume, die in den Alltag der Urgroßeltern entführen. Wäsche in Zinkwannen waschen, im Kolonialwarenladen einkaufen, in Feine-Leute-Kostümen herumlaufen, selber Brotteig kneten: So werden handfest und spielerisch Horizonte erweitert. Prädikat: sehr wertvoll!

Adresse Michael-Ende-Straße 17, 90439 Nürnberg-St. Leonhard, Tel. 0911/600040 (Kindermuseum), Tel. 0911/600050 (Theater Mummpitz), www.kindermuseum-nuernberg.de, www.theater-mummpitz.de | ÖPNV U 2, U 3, Bus 113, Haltestelle Rothenburger Straße | Öffnungszeiten Sa 14–17.30 Uhr, So 10.30–16.30 Uhr | Tipp In Sichtweite befindet sich auf dem ehemaligen Schlachthofgelände die Villa Leon – ein Bürgerzentrum mit Kulturladen, Stadtteilbibliothek und einem kleinen Teich nebenan.

48 Der Kaspar-Hauser-Platz

Ein Mensch, ein Rätsel, ein Mythos

Er ist das Rätsel schlechthin: Kaspar Hauser. Am 26. Mai 1828 tauchte ein junger Bursche in Nürnberg am Unschlittplatz auf. An der Ecke des Hauses Nummer 8 versuchte er, zwei Schuster anzusprechen, konnte sich aber nicht verständlich machen. Daraufhin brachte ihn der eine von ihnen zu Rittmeister Freiherr zu Wessenig in der Neutorstraße, der ihn wiederum zur nächsten Polizeiwache geleitete. Doch auch da scheiterte eine Verständigung. Lediglich die zwei Worte »Kaspar Hauser« konnte der Betreffende auf ein Blatt Papier schreiben. Er wurde daher im Luginsland, Nürnbergs Gefängnisturm, inhaftiert.

Sein Fall sprach sich schnell herum. Von einem »Tiermenschen« war die Rede. Viele Neugierige kamen, um ihn zu sehen. Bewunderten seine Zeichnungen; später soll der Ungebildete sogar begonnen haben, seine Biografie zu schreiben. Rätsel über Rätsel. Gleichzeitig brodelte die Gerüchteküche. Kaspar Hauser sei der badische Thronerbe, hieß es. Er sei ein Hochstapler und Betrüger, meinten andere. Zweimal war er offenbar schon überfallen worden und kam mit Stichwunden nach Hause. Auch hier blieben die Hintergründe im Dunkeln.

Am 14. Dezember 1833 schließlich das letzte Rätsel: Im Hofgarten von Ansbach stürzt Kaspar Hauser nieder, von einem Messerstich tödlich getroffen, und stirbt drei Tage später. War es Mord? War es Selbstmord? Keiner weiß es. Bis zum heutigen Tag und trotz intensivster Nachforschungen, einschließlich DNA-Test.

Die Figur Kaspar Hauser ist darüber längst zum Mythos geworden. Reinhard Mey hat ihn mit seinem Lied »Kaspar« bekannt gemacht, Jakob Wassermann schreibt den Roman »Caspar Hauser oder Die Trägheit des Herzens«, Werner Herzog dreht den grandiosen Film »Jeder für sich und Gott gegen alle«, Peter Handke führt in seinem Stück »Kaspar« die gesellschaftliche Zurichtung seines Protagonisten via Sprache vor, um nur einige Beispiele von vielen zu nennen.

Adresse Kaspar-Hauser-Platz im Kreuzgassenviertel, 90403 Nürnberg-Altstadt | **ÖPNV** U 1, Haltestelle Weißer Turm | **Tipp** Man kann bei einem Gang über den Henkersteg gleich nebenan ins Wasser der Pegnitz schauen und sich den sprachlosen Kaspar Hauser vorstellen.

49 Die Katharinenruine

Idealer Ort für Sternstunden

Man kann tropfnass werden. Deshalb sollte man eine Regenhaut mitnehmen und besser keinen Regenschirm, weil der anderen Gästen die Sicht versperren würde. Und mal flott ins Trockene flüchten geht in der Katharinenruine nicht so einfach. Höchstwahrscheinlich würde man den ergatterten Sitzplatz verlieren – und das nur wegen eines kleinen Schauers?

Seit dem Dürer-Jahr 1971 werden die Reste der 1297 geweihten und 1945 im Bombenhagel zerstörten Klosterkirche St. Katharina für Veranstaltungen genutzt. Im Mittelalter waren hier die Nonnen des Dominikanerordens ansässig, die durch Reformfreudigkeit und ihre umfangreiche Bibliothek Aufsehen erregten. 1596 wurde das Kloster aufgelöst, die Nürnberger Meistersinger übernahmen es bis 1778. Danach wechselte die Verwendung mehrfach. 1848 trafen sich revolutionäre Gruppen in den Gemäuern, in denen die Nationalsozialisten 1938/1939 die Reichskleinodien ausstellten.

Da ein Wiederaufbau nach 1945 nicht zur Debatte stand, entschied sich die Stadt dafür, die Ruine zu sichern und sie samt den hohen Fensteröffnungen und dem Bogen auf der Stirnseite nutzbar zu machen. So entstand eine weltliche Kulisse, die auf eine spezielle Weise heilig wirkt. Nicht nur wegen des fehlenden Dachs scheint sie für Sternstunden gemacht zu sein. Alle Jahre wieder untermauern Konzerte die einzigartige Atmosphäre. Es ist ein Rahmen, in dem leise Töne zerbrechlicher, Hintersinn packender und Fröhlichkeit lustvoller rüberkommen. Und etwas Berauschendes liegt in der Luft, wenn es an lauen Sommerabenden dunkel wird und Belcanto oder Bebop die alten Mauern mitschwingen lässt.

Es muss die Kraft der Kreativität sein, die besondere Vibrationen erzeugt. Durch einen ästhetisch ansprechenden Regenschutz für die Bühne und eine effektvolle Lichtanlage hat die Stadt die »Ruine« passend aufgewertet. Und dank ausgelegter Regencapes gibt es vor Ort Rettung bei unsicherer Wetterlage.

Adresse Am Katharinenkloster 6, 90403 Nürnberg-Altstadt | ÖPNV U 1, Haltestelle Lorenzkirche | Öffnungszeiten Infos zum Programm unter www.kunstkulturquartier.de oder Tel. 0911/2314000 | Tipp Ein paar Schritte nebenan hat die Stadt Ende 2019 in der Nonnengasse einen feinen Pocket-Park angelegt. Vor oder nach einem Konzert in St. Katharina kann man dort auf großen hölzernen Liegen entspannen.

50 Der Kettensteg

Über der Pegnitz schweben

Der Kettensteg war eine Sensation. Handelte es sich 1824 doch um die erste Kettenbrücke auf dem europäischen Festland. Nur vier Monate dauerten die Arbeiten, bis die 68 Meter lange Fußgängerbrücke zwischen Hallertor und Kreuzgasse am 30. Dezember 1824 fertig war. Gut möglich, dass da ein Wettstreit zwischen Nürnberg und Wien lief, denn in der österreichischen Metropole wurde kurz darauf mit der Rotundenbrücke ein ähnliches Modell über den Donaukanal vollendet.

Der Kettensteg ersetzte damals den hölzernen Trockensteg. Die Konstruktionspläne stammten vom Ingenieur Conrad Georg Kuppler, der an der heutigen Technischen Hochschule Georg Simon Ohm lehrte und später auch Vorstudien für die erste deutsche Eisenbahn zwischen Nürnberg und Fürth im Jahr 1835 erstellte. 3,65 Tonnen Schmiedeeisen wurden für die Brücke verbaut, die ihren Namen vom Volksmund erhielt: angesichts der drei Meter langen Kettenglieder, an denen das Bauwerk aufgehängt ist.

Über 100 Jahre nach der Fertigstellung zeigte sich allerdings, dass die Querversteifungen unzureichend waren. Um die Gefahr von »Aufschaukelungen« zu bannen, wurden 1930 seitliche Eisenträger eingebaut und der Steg mit Holzpfählen abgestützt. Ein Provisorium, das fast 80 Jahre blieb, bis im Mai 2009 der Überweg aus Sicherheitsgründen gesperrt werden musste. 2010 brachte die umfangreiche Sanierung weitgehend wieder den Originalzustand als freitragende Hängebrücke; ein unter der Gehbahn eingebauter Hohlkastenträger sorgt zusätzlich für Stabilität.

Der Kettensteg ist jedenfalls ein technikgeschichtliches Denkmal und gehört seit 2000 zur »Historischen Meile«, die für das 950-jährige Stadtjubiläum ausgeschildert wurde. Durch die effektvolle Beleuchtung wirkt er abends besonders reizvoll. Und während die Pegnitz am Nägeleinswehr rauscht, kann man vom Steg den Blick bis zur Lorenzkirche genießen. Sensationell.

Adresse Maxplatz, 90403 Nürnberg-Altstadt | ÖPNV Straßenbahn 4, 6, Bus 36, Haltestelle Hallertor | Tipp Neben dem Kettensteg hat die Stadt den nördlichen Uferbereich der Pegnitz umgestaltet und seit Frühjahr 2022 einen neuen Zugang zum Fluss geschaffen, der Umbau des benachbarten Nägeleinsplatzes soll 2024 fertig werden.

51 Der »kicker«

Das Mekka des Fußballs

Nürnberg und Fußball, das gehört zusammen wie, sagen wir, Wien und das Riesenrad oder Paris und der Eiffelturm. Da ist zum einen der (einst) ruhmreiche 1. FC Nürnberg, in der Stadt nur »der Club« oder »der Clubb« oder »die Clubberer« genannt. Er war achtmal Deutscher Meister und viermal Pokalsieger und hatte legendäre Spieler in seinen Reihen wie Max Morlock, Heinz Strehl, Nandl Wenauer, Steff Reisch oder den Linksaußen Schorsch Volkert, der meistens mit rechts schoss und es so bis in die Nationalmannschaft schaffte.

Und da ist zum anderen das alteingesessene Zentralorgan des deutschen Fußballfans: der »kicker«. Redaktion und Verlagshaus sind gleich neben den »Nürnberger Nachrichten«, was insofern praktisch ist, als »kicker« und »NN« demselben Verleger gehören. Seit 2014 weist eine spektakuläre Skulptur vor dem Verlagshaus dem Fußballfreund den Weg. Es ist ein in der Luft liegender Fußballer beim Fallrückzieher. Die Assoziation an Klaus Fischer und sein Jahrhunderttor ist natürlich naheliegend, wenn auch vom Künstler Josef Tabachnyk nicht ausdrücklich erwähnt. Vielmehr steht die Skulptur für ihn »als Symbol des Sportgeistes, der Leidenschaft für die Schönheit des Spiels, der Liebe von Millionen für diesen Sport«.

Neben diesen beiden Säulen gibt es eine dritte, von der Stadt und ihrem Amt für Kultur und Freizeit eingerichtet und unterstützt: die Deutsche Akademie für Fußballkultur. Soll heißen: alles, was mit Fußball im weitesten Sinne zu tun hat, wie Fankultur, Sprache, Tradition, Trikottausch et cetera. Die Akademie hat dazu ein breites Angebot mit Vorträgen, Filmen, Diskussionen und Preisverleihungen. Wie dem Preis für den besten Fußballspruch des Jahres. Zuletzt mit im Rennen die Sottise: »Man wechselt Freunde, vielleicht auch mal die Frau, aber nie den Club.« Sie stammte, wie nicht schwer zu erraten, von einem FCN-Fan, gewann aber nichts. Wohl zu Recht.

Adresse Badstraße 4–6, 90402 Nürnberg-Gleißbühl | ÖPNV S 2, S 4, U 1, U 2, U 3, Straßenbahn 8, 5, Haltestelle Hauptbahnhof | Tipp Die Deutsche Akademie für Fußballkultur hat ihr Büro inzwischen am Bauhof 5, sie ist aber mit einem vielfältigen Angebot im Internet zu finden unter der Adresse www.fussball-kultur.org.

52 Die Kleinkunstbühne KaKuze

Die Kulturtankstelle in Katzwang

Wenn es das KaKuze (Katzwanger Kulturzentrum) nicht gäbe, müsste man es erfinden. Es ist der heimliche Mittelpunkt von Katzwang, dem mittelpunktlosen Vorort südlich von Nürnberg. Etwas mehr als 7.000 Einwohner, ein Sportverein, ein paar Wirtschaften, ein kleines Gewerbegebiet, ein altes Hammerwerk, viel mehr ist da nicht. Irgendwann hatte man mal einen Dammbruch am Main-Donau-Kanal, das war 1979, und da spricht man heute noch drüber.

Seit 1996 spricht man allerdings auch darüber: Shakespeare, Kleist, Anouilh, Ionesco. Ein Paradigmenwechsel der besonderen Art. Er hatte maßgeblich mit Wolf-Burkhard Heinz zu tun, dem 2022 leider verstorbenen künstlerischen Leiter des KaKuze.

Er gründete kurzerhand eine Theatercompany aus Laien und wuchtete mit ihr die schwersten Brocken der Weltliteratur auf die Bühne. Und wenn diese im KaKuze mal zu klein war, ging man ins Gemeindezentrum nebenan oder in eine Turnhalle oder in eine Scheune. Selbst in einem Autohaus mietete man sich schon ein. Prinzipal Heinz, lang und groß, weißhaarig und theatervernarrt, fällt da immer etwas ein. Warum die berühmte Balkonszene aus »Romeo und Julia« nicht mal in einem verwaisten Kaufhaus zeigen? Warum Ionescos Klassiker »Die Nashörner« nicht durch die Kirchengemeinde trampeln lassen? Mehr Verfremdung, Brecht lässt grüßen, geht nicht.

Neben diesen Eigenproduktionen bietet das KaKuze einen regen Gastspielbetrieb. Jazz, Chansons, klassische Gitarrenmusik, Lesungen, Gesangsabende: Im unterhaltsam-anspruchsvollen Programm ist für jeden etwas dabei. Wie auch im dazugehörigen kleinen, aber feinen Buchladen. Da liegt alles, von der hohen Literatur bis zu den regionalen Krimis, von der Neuerscheinung bis zum Bestseller.

Eine echte Kulturtankstelle eben. Sie wird nun ganz im Sinne ihres spiritus rector Wolf-Burkhard Heinz weiter geführt.

Adresse Lausitzer Straße 6, 90453 Nürnberg-Katzwang (Eingang Kurlandstraße), www.katzwanger-kulturzentrum.jimdofree.com | ÖPNV Bus 62, Haltestelle Lausitzer Straße | Tipp Zu einem Spaziergang laden die Rednitz und der Main-Donau-Kanal ein, das KaKuze liegt dazwischen.

53 Das Knoblauchsland

Fränkischer Gemüsegarten

Das Knoblauchsland ist der Gemüsegarten der Stadt. Alles, was der Franke (und die Fränkin, notabene) gern auf dem Teller hat, wächst da: Rettich und Radieschen, Kohl und Kohlrabi, Zwiebeln und Zucchini, Tomaten und Blattsalat aller Art, Artischocken und Auberginen und vieles andere mehr. Besonders aber das Edelgemüse Spargel ist hier zu Hause. Als »besonders wohlschmeckend« wurde er schon im 17. Jahrhundert erwähnt. Auch der Tabakanbau spielte lange eine große Rolle. Inzwischen werden immer mehr Salat- und Gemüsesorten angebaut.

Schon im 8. Jahrhundert war von der Erschließung des Knoblauchslandes die Rede. Zwiebelzuchten waren für seinen Namen verantwortlich, wie der Stadtschreiber Johannes Müllner um 1600 herausfand. Bald galt es mit 1.900 Hektar Nutzfläche als eines der größten zusammenhängenden Gemüseanbaugebiete in Deutschland. Daneben wuchs seine Bedeutung als Naherholungsgebiet im Städtedreieck Nürnberg, Fürth, Erlangen.

Im Frühjahr 2017 hat ein agrarstrukturelles Gutachten die Weichen für die Zukunft gestellt – und zu einem klaren Bekenntnis des Stadtrats zur Landwirtschaft in Nürnberg geführt. Laut Statistik sind derzeit rund 2.100 Hektar im Knoblauchsland landwirtschaftlich nutzbar, 1.200 Hektar allein für den Gemüseanbau. 85 Hektar liegen bereits unter Glas, wodurch sich das Landschaftsbild gerade in Lohe und Schnepfenreuth stark verändert hat. Ginge es nach den Bauern, würde noch mal so viel Gewächshausfläche hinzukommen – plus 380 Hektar für Äcker. Diese Wünsche konkurrieren aber mit Planungen für Wohnungs- und Straßenausbau.

Wie's ausgeht, ist noch offen. Zu einem kleinen Zankapfel hat sich derweil der Fotokalender »Reife Früchte, freches Gemüse« entwickelt, der sparsam bekleidete Bäuerinnen auf dem Traktor oder bei der Feldarbeit zeigt, was Kritiker für »sexistisch« halten. Noch gibt's den Kalender, aber wie lange noch?

Adresse 90427 Nürnberg-Kraftshof und Umgebung | ÖPNV Bus 31, Haltestelle Kraftshof | Tipp Die Wehrkirche St. Georg in Kraftshof ist noch vollständig erhalten und einen Besuch wert.

54__Das Kombinat Weichensteller

Neustart im alten Stellwerk

Es bahnte sich länger an, dass hier die Weichen neu gestellt werden mussten. Im ehrwürdigen Stellwerk 1, wo ein Bahnbeamter von 1910 bis 1998 den Schienenstrang im Blick hatte, führte Klaus Steger ab 2004 über 14 Jahre das Vereinsheim des »Instituts für gesellschaftlichen Fortschritt, erneuerbare Energien, Kultur und gesunde Lebensweise«. Nach einer starken Anfangszeit war irgendwann die Luft raus. Da es zudem Knatsch mit der Stadt gab, suchte Steger nach neuen Nutzern und fand junge Leute, die Ausschau nach einem Subkulturbiotop hielten.

Anfang 2019 erwarb der neu gegründete Verein das Stellwerk. Passend nennt er sich und das Domizil Kombinat Weichensteller. Aktuell gibt es 60 Mitglieder, die sich mächtig ins Zeug legen, um das Anwesen Zug für Zug gemeinsam rauszuputzen. »Die Förderung von Kunst, Musik, (Sub-)Kultur und vielem mehr« verspricht die Satzung.

Von der Fotoausstellung über Konzerte bis zur Privatparty ist schon einiges passiert. Im Erdgeschoss wird unter der Discokugel getanzt, 23 steile Stufen aufwärts befindet sich der mit vielen Sofas ausstaffierte Rückzugsraum zum Reden und Entspannen. Da das Motto »Wer eine Idee hat, kann sie umsetzen« regiert, gibt es im Garten wie unten in der Bar kleine Kunststücke zu bewundern. Dazu gehören geschwungene Mauern, feine Mosaiken, zwei Holzöfen, Kräuterpflanzen und kleinere Installationen – wie der lilafarbene BH vor der Fensterfront, der an einer Lampe baumelt.

Es ist ein originelles Hexenhäuschen, in dem Wert auf eine umfassende Sanierung gelegt wird. So ist nach Corona der Neustart gelungen. Das Stellwerk gilt als beliebte Party-Location, in dem starke Technosounds kreiert werden. Dazu passt der gellende Pfeifton der Regionalzüge, die stündlich aus oder in Richtung Gräfenberg vorbeirollen, richtig gut.

Adresse Klingenhofstraße 50F, 90411 Nürnberg-Klingenhof | **ÖPNV** U 2, Haltestelle Herrnhütte, Bus 32, Haltestelle Klingenhof | **Öffnungszeiten** bei Veranstaltungen am Wochenende | **Tipp** Die Zeit der geballten Nightlife-Angebote auf dem benachbarten Resi-Gelände ist bis auf Weiteres vorbei, eine Attraktion ist dort aber die vereinseigene Werkstatt der VEB-Kunstahl in der Klingenhofstraße 60 (Tel. 0911/332073).

55 Der Kontrabass

Eine neue Ära am Staatstheater Nürnberg

Ein Mann allein auf der Bühne. Er lacht, weint, räsonniert. Glücklich ist er nicht, das ist schnell klar. Neben sich ein Instrument, größer als er selbst. Ein Kontrabass. Mit schönen weiblichen Kurven. Sie erinnern ihn an die schöne, aber unerreichbare Sängerin, mit der er oft auftritt. Dazu ist die Bühne voll mit Bierflaschen. Denn er trinkt zu viel, der Mann. Nach eineinhalb Stunden weiß man alles über ihn. In jede Falte seiner Biografie hat er uns mitgenommen. In jeden entlegenen Winkel seines Charakters.

Muss man sich das anschauen? Man muss. Denn Sascha Tuxhorn zieht in Patrick Süskinds »Kontrabass« alle Register seines schauspielerischen Könnens. Das Ergebnis ist ein empathisches, tragikomisches Kammerspiel, ganz anders als beispielsweise Nicolaus Paryla, der mit dieser Rolle in München und weit darüber hinaus berühmt wurde. Und Tuxhorn ist keine Ausnahme im Schauspiel-Ensemble. Adeline Schebesch, Thomas Nunner oder Pius Maria Cüppers, um nur einige zu nennen, schaut man einfach gerne zu.

Auch sonst geht man wieder öfter ins Nürnberger Theater. Die Abozahlen steigen, die Kritiken, auch überregional, werden erfreulicher, Preise und Auszeichnungen kommen hinzu. Seit Jens-Daniel Herzog Intendant ist und Jan Philipp Gloger Schauspieldirektor, hat das Staatstheater deutlich Aufwind bekommen. Genau wie das Ballett. Da hat Goyo Montero, der Direktor und Chefchoreograf, Spektakuläres bewirkt.

Selbst als Sprungbrett an große internationale Bühnen wie das Wiener Burgtheater (Maximilian Pulst) oder das Berliner Konzerthaus (Joana Mallwitz) ist Nürnberg wieder interessant geworden. Joana Mallwitz war noch in Nürnberg zur »Dirigentin des Jahres« gekürt worden. Kein Wunder, dass das Musiktheater wieder als »Geheimtipp« (Süddeutsche Zeitung) gilt wie im letzten Jahrhundert schon mal.

Und nun: Vorhang auf!

Adresse Richard-Wagner-Platz 2–10, 90443 Nürnberg-Tafelhof, www.staatstheater-nuernberg.de | ÖPNV U 2, Haltestelle Opernhaus | Öffnungszeiten Kartenverkauf: Mo–Fr 10–15 Uhr, 30 Minuten vor Vorstellungsbeginn und während der Vorstellung | Tipp Nach dem Theaterbesuch schmeckt italienisches Essen bei Wilsons in der Sandstraße.

56 Der Kosmosbrunnen

Blick über den Tellerrand

Der Kosmosbrunnen ist eine Schau. Doch er befindet sich etwas abgelegen im Schafhofer Gewerbegebiet und obendrein gut geschützt im lauschigen Atriumhof des Werkes Nord der Noris-Inklusion, der früheren Werkstatt für Menschen mit Behinderung. 1988 ist die Brunnenskulptur als »Kunst am Bau« (für ein Prozent der Investitionskosten) aufgestellt worden. Der Entwurf stammt vom Nürnberger Bildhauer Hans Karl Busch, Jahrgang 1943, dessen Metallplastiken sich auch im U-Bahnhof Opernhaus oder vor dem Spielzeugmuseum in der Karlstraße drehen.

Ein goldgelber Sichelmond bildet beim Kosmosbrunnen den Kopf. Bei der Komposition aus Messing und Kupfer greifen verschiedene Räderwerke ineinander, ob aus runden Schalen oder packenden Scheibengebilden. Auf zwei Beinen stehend, schraubt sich die filigrane Skulptur nach oben, während an der Seite zwei halbe Kugeln aus grobem Metallgitter montiert sind. Das könnte ein Wink mit dem verletzbaren Irdischen unserer Weltkugel sein.

Gut acht Jahre war der Kosmosbrunnen zwischenzeitlich stillgestanden, weil die Wasserpumpe defekt war. Über die »WasserWerke«-Serie des »Nürnberger Stadtanzeigers« und private Kontakte kam es im Frühjahr 2018 zur Reparatur durch Peter Forstner aus Weisendorf. Der findige Elektromeister und -ingenieur mit dem Faible für spezielle Herausforderungen baute dabei gleich noch ein paar Verbesserungen wie Spritzschutz, Zeitschaltuhr, Bodenfries und Wasserverteiler für die Schalen ein.

Die 120 Beschäftigten der Noris-Inklusion, die im Werk viel mit Metall zu tun haben, freuen sich jedenfalls über die Renaissance ihrer Pausenattraktion, die Erinnerungen an den großen Schweizer Maschinenskulpturenkünstler Jean Tinguely weckt. Und Betriebsleiterin Birgit Schmid-Gruber sorgt als Hobbygärtnerin dafür, dass neben dem sanft plätschernden Kosmosbrunnen bunte Blumen blühen und das Pampasgras wunderschön wuchert. Ein Gesamtkunstwerk.

Adresse Sieboldstraße 17, 90411 Nürnberg-Schafhof | ÖPNV Bus 30, 31, 32, Haltestelle Sieboldstraße | Öffnungszeiten Gäste willkommen, Anmeldung unter Tel. 0911/475762310 oder per E-Mail an b-schmid-gruber@noris-inklusion.de | Tipp Hinter Schafhof kommt man in den Nordostpark – ein aufpoliertes Hightech-Gewerbegebiet, wo unter anderem das Fraunhofer-Institut residiert, die Kulissen des Staatstheaters gebaut werden und ein kleiner Teich zum Entspannen einlädt.

57 Der Kulturladen Schloss Almoshof

Ein Herrensitz auch für Landfrauen

Die schwarz-gelben Fensterläden sind das Markenzeichen des Almoshofer Schlosses, das seit dem frühen 16. Jahrhundert einiges erlebt hat. Im Markgrafenkrieg 1552/53 brannte es ab, 1693 wurde das stattliche Domizil der Patrizierfamilie Holzschuher in der heutigen Form errichtet – mit Nebengebäuden und Barockgarten. 1941 verkaufte Wilhelm von Holzschuher, der in der NS-Zeit Regierungspräsident von Niederbayern und der Oberpfalz sowie SS-Gruppenführer war, das Anwesen für 70.000 Reichsmark an die Stadt, die ein Gästehaus einrichten wollte, was der Krieg verhinderte.

Nach 1945 diente das Schloss 15 Jahre als Notunterkunft für ausgebombte Familien. Nach zehn Jahren Leerstand folgte ein unrühmliches Intermezzo: Der Neonazi Karl-Heinz Hoffmann schaffte es, das Haus von der Stadt Nürnberg zu mieten. Wegen der Umtriebe seiner rechtsextremen Wehrsportgruppe folgte 1975 die Kündigung. Ein Jahr später wurde der Verein Begegnungsstätte Schloss Almoshof gegründet, der das Sandsteingebäude schrittweise renovierte und die Weichen für eine soziokulturelle Einrichtung stellte.

Seit 1986 läuft der Kulturladen unter städtischer Regie. Zum festen Programm gehören Ausstellungen, Krimilesereihen, Kreativwochen und Biergartenkonzerte, während im Hof regelmäßig getrödelt wird und ein Adventsmarkt über die Bühne geht. Unterschiedlichste Gruppen von Wander- bis Brettspielfans treffen sich hier. Auch CSU und Landfrauen nutzen den früheren Herrensitz mit den knarzenden Holzböden und der wunderschön gedrechselten Treppe. Das sonntägliche Kunstcafé, das ehrenamtlich organisiert wird, glänzt derweil mit einer leckeren Kuchenpalette. Und nachdem 2020 der Schlosshof samt Eingangsbereich barrierefrei gemacht wurde, fehlt nur noch ein Aufzug zum Rundumglück.

Adresse Almoshofer Hauptstraße 49–53, 90427 Nürnberg-Almoshof, Tel. 0911/23111405 | **ÖPNV** Bus 30, 33, 99, Haltestelle Almoshof-Schule | **Öffnungszeiten** Mo–Fr 10–17 Uhr, So 10–18 Uhr (mit Kunstcafé) | **Tipp** Auch das von einem Weiher umgebene Zeltnerschloss in Gleißhammer beherbergt einen städtischen Kulturladen, der bereits 2011 vorbildlich saniert wurde.

58 Die Kulturwerkstatt

Erfolgsstory mit Schattenseiten »Auf AEG«

Es war ein Riesenaufschrei im kalten Winter 2006. 46 Tage dauerte der Streik, am Ende zahlte der schwedische Mutterkonzern Electrolux hohe Abfindungen für 1.700 Mitarbeiter, beendete aber 2007 nach 85 Jahren die AEG-Produktion in Nürnberg, obwohl sie profitabel war. Ein Skandal, bis heute! In den Werkshallen zwischen Fürther Straße, Muggenhofer Straße und Fuchsloch gingen aber schnell wieder die Lichter an. Die Investitionsgesellschaft MIB kaufte die Immobilie und vermietete sie ab 2008 günstig. 60 Kreative zogen ein, die Kunst wurde zum Lockvogel und das Etikett »Auf AEG« zum Erfolgsmotto – bald in Verbund mit dem städtischen Kulturbüro Muggenhof. Aus einem soziokulturellen Versuchslabor entwickelte Leiterin Stefanie Dunker die Idee einer Kulturwerkstatt.

Im November 2016 war der 17 Millionen Euro teure Umbau der Produktionshalle 3 fertig, in dem ein großer Kulturtanker entstanden ist, der Musikschule, KinderKunstRaum, Centro Español und Akademie für Schultheater und performative Bildung integriert. Von früh bis spät abends ist sehr viel los, ob im großen Saal, im großzügigen Foyer oder in den kleinen und größeren Räumen auf mehreren Ebenen. Musik dringt fast immer nach draußen – und weit ist die Bandbreite vom Crowdsingen über Diskussionsrunden, Kochkursen und Mittagspausen-Yoga bis zum Nue-Jazz-Festival.

Bei der hauseigenen Kneipe hat sich nach mehreren Pächterwechseln der »Tellerrand« etabliert. Ein anderer Gastro-Fixpunkt ist das gläserne »Café Pforte« am AEG-Südeingang. Dort kann man täglich Baufahrzeuge die Fahrradstraße (!) entlangdonnern sehen, da das AEG-Nordareal seit 2020 sein Gesicht verändert. Die Technische Hochschule bekam schon einen Neubaukomplex, der »Ohm Innovation Center« heißt. Im Gegenzug ist das »EUROPA«-Kunstwerk verschwunden, inklusive der früheren Transportbrücke, die es allabendlich zum Leuchten gebracht hatte. Schade.

Adresse Fürther Straße 244d, 90429 Nürnberg-Muggenhof, Tel. 0911/23179555 | ÖPNV U1, Haltestelle Muggenhof | Öffnungszeiten Infopunkt Mo 9–17.30 Uhr, Di–Fr. 9–20 Uhr, Sa, So bei Veranstaltungen | Tipp BTM Guitars ist ein Gitarrenladen in der Fürther Straße 236, den es seit 1983 gibt und der besondere Saiteninstrumente samt Raritäten anbietet – eine internationale Topadresse (Mo–Fr 10–18 Uhr, Do 10–19 Uhr, Sa 10–15 Uhr).

59 Die Kunstakademie

Die Schule des Sehens, Malens und Zeichnens

So alt müssen andere erst mal werden! Ihr 350-jähriges Bestehen konnte die AdBK 2012 feiern, damit ist die Akademie der Bildenden Künste, wie sie in voller Schönheit heißt, Deutschlands älteste Kunstakademie, ach was, das älteste Institut seiner Art im gesamten deutschsprachigen Raum überhaupt. Glückwunsch!

Wie es sich für eine anständige Akademie gehört, wurde sie im Barock gegründet. Ein Kreis um den Ratsherrn Joachim Nützel von Sündersbühl und den Kupferstecher Jakob von Sandrart hatte sich 1662 zusammengefunden. Was anfangs eine Privatinitiative war, wurde 1699 als reichsstädtische Institution anerkannt, ehe sie 1806 eine Einrichtung des Königreichs Bayern wurde. Damit verbunden war allerdings die Herabstufung zur Kunstschule durch König Ludwig I., ein protektionistischer Akt zum Schutz Münchens als führender Kunststadt in Bayern. Inzwischen ist die Akademie längst wieder in den Rang einer solchen befördert worden, und seit 1954 hat sie auch einen unverrückbaren Standort erhalten: in der Bingstraße, gleich neben dem Tiergarten. Gebaut hat das luftig-leichte Pavillon-Ensemble einer der renommiertesten Architekten Nürnbergs, Sep Ruf (1908–1982), der unter anderem auch den Kanzlerbungalow in Bonn realisierte und am Wiederaufbau des Germanischen Nationalmuseums beteiligt war.

Viele namhafte Dozenten konnte die Akademie seither gewinnen. Peter Angermann, der sich als Vertreter der »Jungen Wilden« einen Namen gemacht hat, lehrt hier, der Kunstbuchautor Christian Demand und der Fotograf Juergen Teller waren vorübergehend da, außerdem der Bildhauer Wilhelm Uhlig oder der langjährige Präsident Ottmar Hörl, bekannt geworden durch »Das große Hasenstück«. Für den gewachsenen Stellenwert der Visuellen Kommunikation spricht die Wahl des Kommunikationsdesigners Holger Felten 2017 zum Akademiepräsidenten. Merke: Das Digitale spielt auch in der Kunst eine immer wichtigere Rolle.

Adresse Bingstraße 60, 90480 Nürnberg-Zabo, Tel. 0911/94040, www.adbk-nuernberg.de | **ÖPNV** Bus 45, Haltestelle Wohnstift am Tiergarten | **Tipp** BMX- und Mountainbike-Freaks finden in der Nähe im Wald die Zabo-Trails (Dirtjump), eine toll ausgebaute Anlage.

60 Der Kunstautomat

Was Schönes zum Rausziehen

Er schaut aus wie ein klassischer Zigarettenautomat. Und war auch mal einer. Deshalb läuft man fast daran vorbei. Dass man dann doch hängen bleibt, hat mit den Schaufenstern und Exponaten zu tun, die im Kunstraum Sterngasse gezeigt werden. Wenn man sich dann umblickt, entdeckt man das tiefere Geheimnis des elfenbeinfarbenen Kastens: Es ist ein Kunstautomat, den das Künstlerpaar Winfried Baumann und Anna Bien als Ergänzung ihrer Galerie seit Mai 2010 kultiviert.

Der Automat ist ein hintersinniger Schachzug, um Kunst im Westentaschenformat an die Frau oder den Mann zu bringen. »Kunst für alle«, lautet die Devise – und mit fünf Euro in Ein- oder Zwei-Euro-Münzen ist man dabei. Zehn Künstler(innen) bieten jeweils etwas Schönes zum Rausziehen an, verpackt in zigarettenpäckchengroßen grauen Pappschachteln. Ende 2023 war schon die 44. Staffel am Start.

Damit niemand die Katze im Sack kaufen muss, werden die Exponate exemplarisch innen vor dem Fenster und inzwischen auch draußen in einem kleinen Schaukasten präsentiert. Vier Monate dauert jede Automatenkunstauflage mit einem Mix aus Plastik, Malerei, Fotografie und Zeichnung im Miniformat. Neben Baumann und Bien, die immer dabei sind, waren auch schon jede Menge bekannter Lokalmatadoren vertreten – wie Dan Reeder, Peter Engl, Rainer Funk, Karsten Neumann, Günter Paule oder Kinderliedermacher und Multikünstler Geraldino.

Und man muss schnell sein. Nach zwei Wochen sind meistens so gut wie alle Fächer ausverkauft, was für die gewachsene Kunstautomaten-Fangemeinde spricht. Eine andere Attraktion vor Ort sind auch Baumanns »Instant Housing«-Transportgeräte, die seit der Stadtteilsanierung in der südlichen Altstadt präsent sind. Zigaretten finden Raucher nur einen Katzensprung entfernt. Im Vergleich zu den Glimmstängeln sind die Kunstautomatenpreise gleich geblieben. Das könnte zum Nachdenken anregen.

Adresse Hintere Sterngasse 25/27, 90402 Nürnberg-Altstadt, Tel. 0911/224149, www.kunstautomat-sterngasse.de | ÖPNV U 1, Haltestelle Hauptbahnhof, U 2, U 3, Haltestelle Opernhaus | Öffnungszeiten auf Anfrage | Tipp Seit 2021 gibt es einen weiteren regionalen Kunstautomaten in Nürnberg, der in der Südstadt in der Brosamerstraße zwischen dem Buchladen am Kopernikusplatz und dem Casablanca-Kino hängt. Es handelt sich auch um einen ehemaligen Zigarettenautomaten, den eine Kooperative unter dem Namen »artOmate« mit regionaler Kunst bestückt.

61 Die Kunstvilla

Wunderbar wachgeküsst

Sie lag lange im Dornröschenschlaf. Und fast wäre die 1894 vollendete Villa des jüdischen Kaufmanns Emil Hopf 1974 abgerissen worden, weil Fremdnutzungen durch das Bauamt oder als Hotel den Prachtbau stark verändert hatten. Auf den letzten Drücker kam der Denkmalschutz, trotzdem dauerte es weitere 32 Jahre, bis »NN«-Verleger und Kunstmäzen Bruno Schnell der Stadt die Villa symbolisch für einen Euro verkaufte – mit der Auflage, dass darin ein Kunstmuseum entstehe.

Die Freude der Stadtspitze wurde bald vom Ringen um die Finanzierung getrübt. Acht Jahre gingen ins Land, bis der 6,29 Millionen Euro schwere Kraftakt im Mai 2014 gestemmt war. Die Lobeshymnen überschlugen sich, denn das neobarocke Bauwerk wurde bis in alle Details wunderbar wachgeküsst. Vom Entree mit Ringbeleuchtung über das hölzerne Treppenhaus bis zum Zwergenzimmer ganz oben ist die Kunstvilla ein Schmuckstück geworden. Und das verpflichtet zu besonderen Ausstellungen.

Der Leiterin Andrea Dippel gelingt es, überzeugende Ausrufezeichen zu setzen. Ob im Erdgeschoss beim Wechselspiel fränkischer Künstler ab 1900 oder in den zwei Etagen darüber, wo Moderne und Gegenwart sowie wechselnde Sonderausstellungen präsentiert werden. Da gibt es viel Neues zu entdecken. Und im Erdgeschoss stößt man auf Exponate der Familie Hopf, wodurch die Kunstvilla auch zu einem Denkmal jüdischer Geschichte in Nürnberg geworden ist.

Schön ist es, dass zwei »Interventionen«, die Studierende der hiesigen Kunstakademie anfangs beisteuerten, bleiben durften: die »Regionalbank« zum Hinsetzen von Petra Krischke im Foyer und die Braille-Zeilen im Handlauf der Treppe zum »Textband für Emil« von Somayeh Farzaneh. Sie nehmen Bezug auf die Historie des Villengrundstücks oberhalb der Wöhrder Wiese, wo einmal ein Blindenheim stand. Den Ersatzbau in der Bielefelder Straße hat die Familie Hopf großzügig unterstützt.

Adresse Blumenstraße 17, 90402 Nürnberg-Gleißbühl, Tel. 0911/23115893 | ÖPNV U 2, U 3, Haltestelle Wöhrder Wiese, Straßenbahn 8, Haltestelle Marientor | Öffnungszeiten Di, Do–So, Feiertage 11–18 Uhr, Mi 11–20 Uhr (18–20 Uhr freier Eintritt) | Tipp Durch das städtische KunstKulturQuartier (KuKuQ) ist die Kunstvilla mit der 2019 wiedereröffneten Kunsthalle (Lorenzer Straße 32) und dem Kunsthaus im Künstlerhaus (Königstraße 93) verknüpft – der Kauf eines Tagestickets für alle drei Häuser lohnt sich.

62 Der KZ-Gedenkort

Späte Erinnerung an die Zwangsarbeiterinnen

Alle Spuren sind nach dem Zweiten Weltkrieg beseitigt worden. Doch in den 1980er Jahren tauchten erste Berichte über das Lager für Zwangsarbeiterinnen aus dem Konzentrationslager Auschwitz-Birkenau in der Gartenstadt auf. Niemand wusste aber, wo es sich genau befunden hatte. Als die Idee einer Gedenktafel am Eingang des Südfriedhofs auftauchte, hakte Anwohner Frank Hotze, Vorsitzender des Bunten Tisches Gartenstadt und Vorstandsmitglied des Bürgervereins Siedlungen Süd, nach und ging Anfang 2016 in Kooperation mit dem Doku-Zentrum Reichsparteitagsgelände und der Stiftung Bayerischer Gedenkstätten auf Spurensuche.

Die gemeinsame Anstrengung hat im Mai 2019 zum KZ-Gedenkort an der Julius-Loßmann-Straße geführt. Zwei Stelen, die der Bildhauer Christof Popp im Stil der Tafeln auf dem ehemaligen Reichsparteitagsgelände gestaltet hat, informieren nun über das, was hier 1944/1945 geschah – mit Fotos, Skizzen, Berichten von Betroffenen und einer dreidimensionalen Karte zum Be-Greifen dieses dunklen Kapitels auf dem Areal der heutigen Schuckert-Genossenschaftswohnungen.

Im Oktober 1944 waren 550 ungarische Jüdinnen, ausgewählt von den Siemens-Schuckert-Werken, mit der Bahn vom KZ Auschwitz-Birkenau nach Nürnberg transportiert worden. Sie lebten in mit Stacheldraht umzäunten Baracken, die als Außenlager des KZ Flossenbürg geführt wurden und zwischen Pachelbel- und Julius-Loßmann-Straße lagen. Bei einem Luftangriff wurde es zerstört, die Frauen wurden erst im März 1945 auf andere KZ-Lager verteilt.

Dass es fast 75 Jahre gedauert hat, bis dieses Stück NS-Geschichte wieder öffentlich sichtbar ist, stimmt nachdenklich. »Wir sind es den Zwangsarbeiterinnen schuldig, an sie zu erinnern«, hieß es bei der Einweihungsfeier. Siemens unterstützt das Projekt und hat sich an den Kosten des Buches »Von Auschwitz nach Nürnberg« beteiligt, das im Sandberg Verlag erschienen ist. Das verdient Lob.

Adresse neben dem Roxy-Kino in der Julius-Loßmann-Straße 116, 90469 Nürnberg-Gartenstadt | **ÖPNV** Straßenbahn 5, Bus 68, Haltestelle Südfriedhof | **Öffnungszeiten** rund um die Uhr, Führungen und Veranstaltungen in Planung (Kontakt: www.bunter-tisch-gartenstadt.de) | **Tipp** Nördlich des Südfriedhofs befindet sich der große Rangierbahnhof. An der Katzwanger Straße kann man von der Brücke aus das wie von Geisterhand gesteuerte Verschieben der Waggons beobachten.

63_Der Langsee

Mutprobe vor dem Badespaß

Lang ist er nicht unbedingt für einen See. Trotzdem übertrifft seine Wasserfläche mit 120 Meter Länge und bis zu 40 Meter Breite jedes sonstige Schwimmbecken. Die Größe ist aber nicht entscheidend beim Langsee – die idyllische Umgebung macht den Unterschied. Stattliche Bäume umfassen das Naturgewässer, das mitten im Pegnitztal zwischen Erlenstegen, Mögeldorf und Ebensee liegt, regelmäßig Schafe grasen.

Nicht so einfach ist das Reingehen in den Langsee. Denn selbst wenn draußen »22 Grad« auf der Tafel steht, kommt einem das Wasser oft eiskalt wie die Nordsee vor. Deshalb gibt es nur zwei Varianten: Entweder man tastet sich gaaanz laaangsaaam, Stuuufe für Stuuufe abwääärts – oder man stürzt sich mit einem lauten Schrei ins Vergnügen. Die Mutprobe kommt also vor dem Badespaß. Wer sie meistert, den erwarten erfrischend-genussvolle Minuten im sanftweichen trüben Wasser, das biologisch gereinigt wird, um das Algenwachstum zu minimieren.

Zwei lange Holzstege laden im See zum Sonnenbaden ein; Wagemutige können auch vom Minisprungturm reinhüpfen. Und der Langsee ist offen für alles. Er bietet sogar die Gelegenheit, die Freikörperkultur im hinteren Bereich der Liegewiese zu pflegen. Neben den FKKlern tummeln sich mit viel Abstand die Teenies im Gras, während Ältere und junge Familien den schattigen Bereich im Osten favorisieren. Von dort ist der Weg zum kleinen Kinderbecken nicht weit, dessen Wasser mindestens fünf Grad wärmer ist als der See.

Neben Volleyballfeld, Tischtennisplatten und Seerosenbiotop gibt es einen aufgemöbelten Kinderspielplatz und neuerdings sogar eine Fasssauna. Der nette Imbisskiosk mit Biergärtchen sorgt als Abrundung dafür, dass ein Tag im Langsee einem Kurzurlaub gleicht. Seit 1920 pilgern nicht nur Einheimische zum Freibad, das die Schwimmabteilung des TSV 1846 Nürnberg betreut – längst mit Unterstützung eines Kassenautomaten.

Adresse Ebenseestraße 35, 90482 Nürnberg-Mögeldorf, Tel. 0911/543516 | **ÖPNV** Bus 40, Haltestelle Prutzstraße, Straßenbahn 8, Haltestelle Erlenstegen (mit Fußweg durchs Pegnitztal) | **Öffnungszeiten** circa Anfang Juni – Anfang Sept., wetterabhängig Mo – Sa 11 – 19 Uhr, So, Feiertage 11 – 19 Uhr | **Tipp** Das Naturgartenbad in der Schlegelstraße 20 in Erlenstegen, vom Langsee knapp zehn Minuten zu Fuß entfernt, ist optimal für Wasserratten, die lieber in einem gefliesten Becken schwimmen und ihren Revue-Körper am »Rolex-Hügel« zur Schau stellen wollen.

64 Das Literaturhaus

Ein Leuchtturm-Projekt

Alle, alle waren sie da, angefangen von Michael Krüger und Wilhelm Genazino über Thomas Melle und Rüdiger Safranski bis zu Thea Dorn und Sibylle Lewitscharoff. Auch Martin Walser, als er noch auf Lesereise gehen konnte, machte stets in Nürnberg Station. Manchmal war der Ansturm so groß – wie bei dem im Périgord lebenden Krimiautor Martin Walker –, dass auch die erste Etage bespielt werden musste. Mehrere hundert Zuhörer waren keine Seltenheit. Viele standen nach der Lesung noch Schlange, um die am Büchertisch erworbenen Bücher signieren zu lassen.

Klar, einige Prominenz, die man auch mal gern gehört hätte – wie Peter Sloterdijk, Adolf Muschg oder Wolf Wondratschek –, tauchte nie auf. Ihr Fehlen schmerzt.

Und hätte es den inzwischen verstorbenen Manfred Boos, den früheren Leiter des Studio Franken beim BR, und später den Literaturclub Nürnberg e. V. nicht gegeben, die Nürnberger Diaspora wäre noch viel offensichtlicher und peinlicher gewesen. (Der Kulturladen Nord und die ein oder andere rührige Buchhandlung dürfen kurz mal weghören.) Sie schafften das kleine Wunder, ein Literaturhaus zu gründen – und das ohne jede städtische Hilfe. Zuvor hatte man sich in der Nachbarstadt Erlangen immer wieder sagen lassen dürfen, welch illustre Autoren entweder schon beim Poetenfest waren oder demnächst kommen würden. Dann war man froh, auf das Literaturhaus in Nürnberg verweisen zu können, das neben dem literarischen Genuss mit seinem gut besuchten Restaurant auch für das leibliche Wohl sorgt.

Entstanden aus einer privaten Stiftung, schloss das in einen ehemaligen Spielzeugladen eingezogene Literaturhaus eine empfindliche Lücke im Kulturleben der Stadt, während die Kommune selbst sich mehr um die Sanierung von Brücken, Straßen und Tunnels kümmerte und prompt mehrfach den Kürzeren zog im Wettbewerb um den Titel der Europäischen Kulturhauptstadt. Ein Debakel mit Ansage.

Adresse Luitpoldstraße 6, 90402 Nürnberg-Altstadt, www.literaturhaus-nuernberg.de | ÖPNV S 2, S 4, U 1, U 2, U 3, Straßenbahn 8, 5, Haltestelle Hauptbahnhof | Tipp Direkt gegenüber kommt man durch ein schmales Gässchen zum Neuen Museum am Klarissenplatz. Ein Besuch lohnt sich.

65 Die Lorenzkirche

Ein Apfelbäumchen pflanzen?

Viele Kirchen, auch in Großstädten, sind exklusive Pfaffenwinkel geworden. Predigen darf nur der Pfarrer oder die Pfarrerin (oder jemand aus der Nachbargemeinde) und sonst keine(r). Mit der unschönen Konsequenz, dass die Kirchen immer leerer werden, weil die Gemeinde ihre Gottesleute kennt und meist schon im Voraus weiß, was sie predigen werden.

In St. Lorenz, einer der beiden Nürnberger Hauptkirchen, geht man einen anderen Weg. Hier veranstaltet die evangelisch-lutherische Gemeinde in regelmäßigen Abständen sogenannte Kommentargottesdienste zu aktuellen Themen wie Klimawandel, Flüchtlingskrise oder Stadtbegrünung. Dann sind Fachleute zu hören: Stadträte, Oberbürgermeister, Journalisten, ökologisch Bewanderte.

Auch der Polizeipräsident von Mittelfranken war schon da. Und damit das Ganze nicht zu alltäglich-profan wird, tritt auch immer ein Geistlicher ans Mikrofon und erweitert den Blick ins Transzendente. Alles im Rahmen eines Gottesdienstes mit Orgelspiel, Gesang, Gebet und Segen. Ein Orientierungsangebot in unübersichtlichen Zeiten. Und in dieser Form, das ganz nebenbei, einzigartig in Deutschland.

»Lorenzer Kommentargottesdienste zu Ereignissen der Zeit«, heißt die Reihe in voller Schönheit, und sie existiert seit Ende der 1960er Jahre als Reflex auf das »politische Nachtgebet« von Dorothee Sölle. Eine Jury wählt sechs- bis achtmal im Jahr das Thema aus und fragt die Referenten und den Organisten an. »Kirche muss bei den Menschen sein und Antworten geben«, ist Wolfram Steckbeck überzeugt. Der Rechtsanwalt im Brotberuf ist seit den 90er Jahren bei den Kommentargottesdiensten dabei, als Spiritus Rector und Organisator, manchmal aber auch als Referent. Die Zusammenführung von christlichen Leitlinien und oft nicht ganz so christlicher Tagespolitik ist ihm zum Herzensanliegen geworden. Die Stadt profitiert davon.

Adresse Lorenzer Platz 10, 90402 Nürnberg-Altstadt, www.lorenzkirche.de | ÖPNV U 1, Haltestelle Lorenzkirche | Öffnungszeiten 9–17.30 Uhr | Tipp Gegenüber der Lorenzkirche befindet sich das neue Bibel Museum Bayern am Lorenzer Platz 10 (www.bibelmuseum.bayern).

66 Der Luitpoldhain

Finstere Schatten und klassische Highlights

Hier kann es ruhig und gemütlich sein. Schon im 17. Jahrhundert war das so. Damals gehörte das Freizeitgebiet zum Dutzendteichgelände und war von keiner Straße durchtrennt. Der erste Schnitt kam 1906 zum 100-jährigen Bestehen des Königreichs Bayern, das mit einer Landesausstellung gefeiert wurde. Zu diesem Anlass entstand die 70 Hektar große Parklandschaft mit Gebäuden, deren nördliches Drittel nach dem Prinzregenten Luitpold benannt wurde, ebenso die große MAN-Jugendstilhalle. Nur diese und ein Leuchtturm blieben stehen, während Pläne für den ersten Tiergarten reiften, der 1912 eröffnet wurde.

Der Zoo könnte heute noch da sein, wären nicht die finsteren Schatten der NS-Zeit angerückt. Als man im Rathaus die Ehrenhalle für die Gefallenen des Ersten Weltkriegs plante, krallten sich die Nazis 1927 den Luitpoldhain für den ersten Reichsparteitag. Ab 1933 verwandelten sie die Grünanlage in ein Aufmarschgelände, der Leuchtturm wurde 1938 abgerissen, der Tiergarten 1939 zum Schmausenbuck verlagert.

Erste Bomben zerstörten Ende August 1942 die brachial umgebaute Luitpoldhalle, Tafeln erinnern vor Ort daran. Nach dem Krieg verschwanden die NS-Bauten. Der Luitpoldhain wurde wieder ein Volkspark, mit Spielplätzen und Minigolfanlage im Süden. Die Meistersingerhalle wurde 1963 am nordöstlichen Rand eröffnet, mit zwei Sälen ist sie vor allem zur Konzertstätte für klassische Musik geworden. Derweil war es eine traumhafte Idee, die terrassenförmige Wiese vor der Ehrenhalle im Sommer 2000 für ein Klassik-Open-Air zu nutzen. Seitdem wird der Luitpoldhain alle Jahre zur größten Freiluftarena Europas. Jung und Alt genießen auf Decken, mit Picknickkorb und Sternlasspeiern die Symphoniker oder Philharmoniker – besonders schön war das Abschiedskonzert von Joana Mallwitz im Sommer 2023. Kein böses Wort fiel dabei zu den geplatzten Konzertsaal-Pläne im Luitpoldhain.

Adresse Luitpoldhain (Parkplätze an Schultheißallee und Bayernstraße), 90478 Nürnberg-Dutzendteich | ÖPNV Straßenbahn 8, Bus 35, 55, 92, 93, 602, 603, Haltestelle Meistersingerhalle | Öffnungszeiten rund um die Uhr | Tipp Der Wellpappe-Unternehmer Kurt Klutentreter war in den 1980er und 1990er Jahren ein bedeutender Mäzen der Stadt, der nicht nur Brunnen, Skulpturen und das Krakauer Haus unterstützte, sondern auch die Fußgängerbrücke vom Luitpoldhain zum Volksfestplatz – sie heißt Kurt-Klutentreter-Steg.

67_Der Marktplatz Marienberg

Inklusives Meisterstück

Der Marienberg ist ein Magnet. Im 120 Hektar großen Volkspark kann man joggen, kicken, Trimm-dich-Übungen machen, Gassi gehen, grillen, ein Frauenlabyrinth begehen oder einfach auf der Wiese liegen. Feuchtbiotope, eine Minigolfanlage, Spielplätze, ein Volleyballfeld und sogar einen Wohnmobilstellplatz findet man am Rand ebenso wie mehrere Kleingartenkolonien. Eine besondere Attraktion ist zudem an der Braillestraße entstanden: der Marktplatz Marienberg.

Die gemeinnützige Gesellschaft Noris Inklusion hat als Nachfolger der Werkstatt für Behinderte das fünf Hektar große Gärtnerei-Gelände tierisch auf Vordermann gebracht. 2014 ging es los mit dem pfiffigen Projekt »Rent a Huhn«, über das sich 200 Abonnenten mit Eiern versorgen. Hinter der Bio-Imkerei »Flotte Biene« grast eine kleine Herde Rotkopfschafe, bei der eine Kooperation mit dem Tiergarten zum Erhalt der bedrohten Tierart läuft.

Fünf Millionen Euro hat die Noris Inklusion seit 2016 investiert. Insbesondere in die Modernisierung der Gewächshäuser und in die »Natur-Erlebnis-Gärtnerei«, in der neben saisonalen Zierpflanzen und Stauden rund 140 Kräuter in Bioqualität gedeihen. In der gläsernen Marktplatz-Halle gibt es auch die Produkte aus der hauseigenen Töpferei (besonders schön sind die Tiere-Tassen!) sowie Spielwaren, Dekoratives und Lebensmittel aus Behinderten-Werkstätten und Hofgemeinschaften. Im Mai 2019 kam das Café »Tante Noris im Park« dazu. Menschen mit und ohne Behinderung arbeiten vorbildlich Hand in Hand. Mit der »Kükenkoje« wurde eine Kindertagesstätte integriert und das neue Wohnheim feierte im Herbst 2023 Eröffnung. Insgesamt ist Geschäftsführer Christian Schadinger mit dem Marktplatz Marienberg ein inklusives Meisterstück gelungen. Und der große Renner sind alle Jahre wieder die Bio-Weihnachtsbäume aus dem Steigerwald. Sie ziehen nicht nur Nordstädter magnetisch zum Marienberg.

Adresse Braillestraße 27, 90425 Nürnberg-Großreuth, Tel. 0911/475762540 | ÖPNV Bus 46, Haltestelle Großreuth h. d. Veste | Öffnungszeiten Di–Fr 10–18 Uhr, Sa 9–16 Uhr | Tipp Um die Ecke wird in der Großreuther Straße von den Nürnberger Bauernhausfreunden gerade ein altes Schwedenhaus aus dem Jahr 1557 saniert; schräg gegenüber befindet sich ein Automat mit Bauernhofprodukten.

68 Die Martha-Kirche

Riesenglück im Unglück

Es war eine Katastrophe. Nachts um halb drei brach am 5. Juni 2014 ein Feuer in St. Martha aus. Die Flammen zerstörten die Kirche, die gerade restauriert wurde, bis auf die Grundmauern. Und während erste Sicherungsmaßnahmen liefen, stand die evangelisch-reformierte Gemeinde fassungslos vor der Ruine und vor der Frage: Was tun? Eines war schnell klar: Die Martha-Kirche, um 1385 als Kapelle eines Pilgerspitals geweiht und von 1526 bis 1627 weltlich von den Nürnberger Meistersingern genutzt, sollte nicht originalgetreu wiederaufgebaut werden. Unter dem Motto »stmartha 2.0 – die alte Kirche neu interpretieren« entschied man sich für einen Architektenwettbewerb, den im März 2015 das Team von Florian Nagler aus München einstimmig gewann.

Mag das Konzept auf dem Papier schlicht wirken, in der Realität ist es eine Augenweide. Das hat viel mit dem Weißtannenholz zu tun, das den Kirchenraum viel wärmer und heller als früher erscheinen lässt. Durch großzügige Holzverkleidungen ist quasi eine Kirche in der Kirche entstanden, angelehnt an die alten Strukturen. Segensreich war auch die Entscheidung, das Gewölbe durch ein höheres Flachdach zu ersetzen: Die vierschichtige Holzkonstruktion sorgt für maurische Muster, effektvoll von LEDs illuminiert, und eine hervorragende Akustik.

Durch den offenen Planungsprozess wurden viele kreative Lösungen gefunden. Unter dem Stampflehmboden befinden sich eine Fußbodenheizung und Induktionsschleifen, bei den Säulen sind die Spuren der Vergangenheit sichtbar geblieben, und die Stühle ermöglichen eine flexible Raumnutzung. Ein Schmuckstück für sich ist der erhaltene Chorraum, in den die Glasfenster aus dem 14. Jahrhundert zurückgekehrt sind, die vor der Restaurierung ausgebaut worden waren. Ein Riesenglück im Unglück beim zwölf Millionen Euro teuren Wiederaufbau, der Maßstäbe setzt. Er erhielt zu Recht den Architekturpreis der Stadt Nürnberg 2020.

Adresse Königstraße 79, 90402 Nürnberg-Altstadt | ÖPNV U 1, U 2, U 3, Straßenbahn 7, 8, Bus 43, 44, Haltestelle Hauptbahnhof | Öffnungszeiten Infos unter Tel. 0911/224730 oder www.stmartha.de | Tipp Schräg gegenüber von St. Martha, deren Spitze nun ein Bethlehem-Stern der Partnergemeinde in Rumänien ziert, befindet sich in der Königstraße 64 die Offene Kirche St. Klara der katholischen Gemeinde, die 2006/2007 ebenfalls feinfühlig modernisiert wurde und ein vielfältiges Programm bietet, verbunden mit dem benachbarten Caritas-Pirckheimer-Haus.

69 Das Max-Morlock-Stadion

Die Legende lebt mehrfach

Die Hymne muss sein. Vor jedem Heimspiel des 1. FC Nürnberg erklingt »Die Legende lebt«. Schwarz-rot gekleidete Fans singen aus voller Brust und träumen drei Minuten von den Zeiten, als »Der Club« deutscher Rekordmeister war. Vorbei, auch der Pokalsieg 2007 ist schnell verblasst, die 3. Liga war öfter näher als die Rückkehr ins Oberhaus. Da ist es ein Trost für treue Anhänger, dass die rundum überdachte Arena, die 50.000 Zuschauer fasst, den Namen des großen Idols Max Morlock seit Sommer 2017 trägt.

1994 hatte die Stadt den Platz vor dem Stadion nach dem Rekordstürmer benannt, der 700 Tore in 900 Spielen für den Club und 1954 im WM-Finale das 1:2 erzielte. Seit August 2008 steht schon eine silberne Morlock-Figur hinter der Nordkurve auf einem Sockel, die eine mickrige Meisterschale nach oben reckt. Fans hatten Geld gesammelt, um das Werk des Künstlers Edgar Hahn aus Hirschaid zu realisieren. Seit 2008 wird zudem der Block 8 nach Morlock benannt.

»Der Max« ist also sehr präsent in der achteckigen Arena, die 1928 nach den Plänen von Otto Ernst Schweizer zentral in einem Sport- und Freizeitpark errichtet wurde. Der Gesamtentwurf erhielt beim Kunstwettbewerb der IX. Olympischen Spiele in Amsterdam sogar eine Goldmedaille. Vor Ort weist kein Schild darauf hin, was wohl an den vielen Umbauten liegt – vom Urbauwerk sind nur Teile der denkmalgeschützten Tribüne erhalten, die gut versteckt sind. Wen wundert es da, dass seit Jahren Stadionneubaupläne geschmiedet werden, die sich bisher als Luftschlösser entpuppten. Derweil erinnert eine grüne Tafel ganz real an die XX. Sommerspiele in München 1972, als mehrere Fußballpartien in Nürnberg stattfanden. Das »Männla« mit dem ausgebleichten Fußballer-Signet steht 100 Meter vor der Nordtribüne am Max-Morlock-Platz.

Adresse Max-Morlock-Platz 1, 90471 Nürnberg-Dutzendteich, www.stadion-nuernberg.de | **ÖPNV** S-Bahn, Bus 55, 96, Haltestelle Frankenstadion, U 1, Haltestelle Messezentrum | **Öffnungszeiten** Führungen buchbar unter Tel. 0911/8186235, zudem Konzerte und Events in der Arena oder im VIP-Gebäude | **Tipp** Gegenüber befindet sich die Eis-Arena, wo die Ice Tigers und der HC Erlangen ihre Heimspiele austragen und kulturelle Veranstaltungen über die Bühne gehen.

70_Die Meisengeige

Wo die Uhren anders ticken

Die Meisengeige ist ein Ort, an dem die Zeit relativ ist. Weil sich zwei Stunden wie 20 Minuten anfühlen können und umgekehrt. In einem der zwei Kinosäle ebenso wie vorn in der Kneipe oder draußen vor der Tür, wo die Sitzplätze bei manchmal Sonnenschein schon im Februar besetzt sind. Ja, die »Geige«, wie Liebhaber sagen, ist etwas Besonderes. Das bewiesen 7.400 Unterschriften im Herbst 2013, als Kinobetreiber Wolfram Weber die Reißleine ziehen wollte, weil er 250.000 Euro für den Brandschutz ins Mietobjekt stecken sollte. Am Ende ruderte er zurück, da es nur 30.000 Euro waren. Und die Zahl der Kämpfer für den Erhalt von Nürnbergs ältestem Programmkino hat ihn wohl auch beeindruckt.

1970 hatte der Cinecittà-Chef mit zwei Brüdern die Backstube im schmalen Sandsteineckhaus umgebaut, das Fachwerk aus dem Jahr 1418 besitzt. Dass Newcomer zwei Kinosäle (einer mit Raucher-Empore!) eröffneten, sah die Konkurrenz nicht gern. 1972 wurden Sofas durch Kinosessel aus dem Phöbus-Palast ersetzt, Schmalzbrot, Bier und Zigaretten während der Vorstellung blieben erlaubt. Und Regisseure kamen, um ihr Werk zu diskutieren. Das ist vorbei. Doch trotz Digitaltechnik und superbequemer Sitze dominieren hier weiter Arthaus-Filme im Namen der Filmkunst.

Keine Veränderungen erlaubt die Kneipe, die so auch auf dem Montmartre oder in der Lower Eastside stehen könnte. Seit Ewigkeiten kniet ein junger Elvis neben der Theke, umgeben vom betörenden Filmplakat zu Claude Chabrols »Juste avant la nuit«-Opus von 1971 und von einer Spiegelwand, die den museumsreifen Raum surreal aufweitet. Lesend kann man hier, den besten Kaffee der Stadt trinkend, die Zeit vergessen. Nebenbei die Sterne an der Decke zählen, die schwere, gusseiserne Lampe bewundernd anstrahlen, Lebenskünstler aus drei Generationen beobachten und die Uhr im Thekenschrank bedauern, die nur noch einen Zeiger hat. Was offenbar niemanden großartig stört.

Adresse Am Laufer Schlagturm 3, 90403 Nürnberg-Altstadt | ÖPNV U2, U3, Haltestelle Rathenauplatz, Bus 36, 94, Haltestelle Innerer Laufer Platz | Öffnungszeiten Mo–Do 15.30–24 Uhr, Fr 15.30–1 Uhr, Sa, So 30 Minuten vor der ersten Kinovorstellung, Infos unter Tel. 0911/204724 | Tipp Am Stresemannplatz 8 in Wöhrd führt Wolfram Weber seit 1988 das Metropolis-Programmkino mit zwei Sälen plus Gastronomie (in normalen Zeiten täglich ab 18 Uhr).

71 Die Messe

Auf dem Sprung zum Global Player

Nichts in der Stadt expandierte in den letzten Jahren so stark wie die Nürnberg-Messe. Sie wolle »an die Weltspitze«, hieß es zuletzt sogar. Dass dies nicht reines Wunschdenken ist, kann durch harte Daten und Fakten belegt werden. Daraus eine kleine Auswahl: Eine halbe Milliarde Euro will man in den nächsten Jahren ins Gelände investieren, davon die Hälfte in den Bau eines neuen Kongresszentrums, es ist das vierte seiner Art.

Auch bei den Mitarbeitern will die Messe, die weltweit mehr als 1.000 Beschäftigte hat, die Hälfte davon in Nürnberg, kräftig zulegen. Zuletzt waren es fünf Prozent neue Jobs, und das bei neuen Rekordumsätzen von um die 300 Millionen Euro pro Jahr. Darin enthalten waren steigende Besucher- und Ausstellerzahlen sowie ebenfalls gestiegene Standmieten.

»Das ist schon Champions League«, fasst Messechef Peter Ottmann in der »Süddeutschen« das gute Ergebnis zusammen, das natürlich auch den Nürnberger Stadtkämmerer freut. Wesentlich ist dafür eine Konzeption verantwortlich, die sich von der anderer Messegesellschaften in entscheidenden Punkten unterscheidet. Die Nürnberg-Messe setzt auf reine Fachmessen wie etwa die Spielwarenmesse, zu der Aussteller aus aller Welt kommen, die jedoch einem Fachpublikum vorbehalten ist. Otto Normalverbraucher darf da nicht rein. Anders die Consumenta, bei der ganz Franken die Messehallen stürmt und sich den Bauch vollschlägt.

Wo es der Wirtschaft so gut geht, fällt oft auch ein Knöchelchen für die Kunst ab. So darf sich die Messegesellschaft mit dem Namen der Stararchitektin Zaha Hadid schmücken. 2016 verstorben, hat die britisch-iranische Baumeisterin sich auch in Nürnberg verewigt. Die 12.500 Quadratmeter große Halle 3A setzt mit ihrem Luftkissen-Lamellendach einen erfreulichen architektonischen Akzent. Elegant geschwungen wie stets bei Hadid, die den rechten Winkel hasste, ist sie ein echter Hingucker.

Adresse Messezentrum 1, 90471 Nürnberg-Langwasser | ÖPNV U 1, Haltestelle Messe | Tipp Ein paar Stationen weiterfahren, einen Spaziergang durch Langwasser machen und zu der Einsicht kommen, dass man heute nicht mehr so bauen würde.

72 Das Milchhof-Gebäude

Quadratisch, erhebend, gut

Als im Milchhof 1995 nach 66 Jahren die Lichter ausgingen, sollten die denkmalgeschützten Gebäude, die der große Architekt Otto Ernst Schweizer entworfen hatte, unbedingt erhalten bleiben. Es ist anders gekommen. Hochtrabende Musical-Konzepte platzten, die Industriehallen verfielen. 2008 durften sie dann doch abgerissen werden und wurden durch gesichtslose Zweckbauten ersetzt. Mercedes hat sich immerhin angestrengt, und hinten blieb das alte E-Werk stehen und wurde zur Heimat von Kita und Osteria. Als einziges echtes Zeugnis der Milchhof-Ära blieb aber nur das Verwaltungsgebäude stehen. Ein Glücksfall, für den Gerd Schmelzer schon 1999 sorgte.

Der alpha-Gruppe-Chef kaufte die Schweizer-Perle und ließ sie mustergültig aufpolieren. Von außen wirkt der streng geometrisch konstruierte Betonskelettbau wie ein Understatement aus Stein und Glas. Mag der monströse Straßenraum des Wöhrder Talübergangs auch stören, die städtebauliche Sünde der 1960er Jahre ist vergessen, wenn man das Gebäude betritt und auf der Stirnseite die Wand mit den quadratischen Glasfenstern sieht. 68 mal neun sind es, 612 insgesamt – große architektonische Kunst.

Die hohe Halle mit der gerippten Decke ist eine Bauhauskathedrale mit beeindruckender Akustik, die von Anfang an so gewollt war, da hier Milchprodukte versteigert wurden. Form und Funktion sind eng miteinander verbandelt, auch bei der Anordnung von Treppenhäusern, Fluren und Büros, in denen heute Kreative, Berater, Prüfer, Zahnärzte und Lichtexperten arbeiten – inzwischen auch der Hausherr persönlich.

Abgesehen von der Narrenfreiheit, mit der der Kunstverein der Albrecht-Dürer-Gesellschaft das Erdgeschoss spannend bespielt, dominiert der rechte Winkel das Haus: quadratisch, erhebend, gut. Ebenso wie das »Palais am Milchhof« von Gudrun Wurlitzer, das 2002 angehängt wurde. Die Verbeugung vor Schweizers Meisterstück ist schlicht und ergreifend kongenial.

Adresse Kressengartenstraße 2, 90402 Nürnberg-Tullnau | ÖPNV S 1, S 2, Straßenbahn 5, Haltestelle Dürrenhof | Tipp Der Tullnaupark am Ostrand des Ex-Milchhof-Geländes ist eine kleine, feine Grünanlage mit Teich, Boule-Platz und einer alten Pergola, die in den letzten Jahren fein restauriert wurde.

73 Der mono-Ton-Laden

Aus Liebe zum Vinyl

Am Anfang waren es Platten, genauer gesagt: gebrauchte, gute, alte Schallplatten, wegen denen die Leute zu mono-Ton kamen. 2001 zuerst in Fürth, dann auch in die Nürnberger Altstadt, wo Laden Nummer zwei in der Jakobstraße nach fünf Jahren übrig blieb. 2015 folgte dann der Umzug in die Färberstraße – und das war genau das Domizil, von dem Tobias Leitmann, der 1968 in Ulm geboren wurde, immer geträumt hatte. Weil es die Größe hat, um einen eigenen »Musikkosmos« zu schaffen.

Damit das gelingt, stehen die meisten Tonträger in Regalen auf Rollen. So können sie verschoben werden, damit Platz für eine Bühne und bis zu 100 Gäste ist. In normalen Zeiten fanden 30 Ladenkonzerte oder -lesungen pro Jahr statt. Und fix sind zwei große Feste: das am weltweiten »Record-Store-Day« immer am dritten Samstag im April und das Sommerfest Anfang August gleichzeitig mit dem Bardentreffen. Am vollsten war es bisher bei einem Konzert von »Anti-Flag«, die hier im Januar 2020 vor dem abendlichen Auftritt im Löwensaal aufspielten; 200 Fans drängten sich bis auf die Straße.

Die Secondhand-Zeit ist längst vorbei. Schallplatten, die es ab 1995 nur noch in Mini-Auflagen gab, erleben eine Renaissance mit Nach- und Neupressungen. Vinyl boomt so stark, dass die großen schwarzen Scheiben auch bei Müller wieder dick in den Regalen stehen, während die weniger haltbare und klanglich schwächere CD auf dem Weg zum Auslaufmodell ist.

Da gute Musik einen guten Ton braucht, gibt es Hi-Fi-Anlagen inklusive Plattenspieler in unterschiedlichen Preislagen. Im Keller sind zwei Räume eingerichtet, in denen man in Ruhe testen kann. Bei Kaffee oder Tee kann danach neben der Ladentheke gefachsimpelt werden. Gern auch über das hauseigene Label, die Kooperation mit der Stadtbibliothek oder Neues am Markt. Eintönig wird's nie, selbst wenn der Laden mono-Ton heißt. Und selten geht jemand ohne neue Platte raus. Die Liebe zum Vinyl verpflichtet.

Adresse Färberstraße 44, 90402 Nürnberg-Altstadt, Tel. 0911/2742693 | **ÖPNV** U 2, U 3, Haltestelle Opernhaus | **Öffnungszeiten** Di – Fr 11 – 19 Uhr, Sa 11 – 18 Uhr, Mo geschlossen | **Tipp** Es gibt in der Altstadt noch mehr kleine Plattenläden – Kill-o-zap in der Oberen Schmiedgasse sowie Vinylio und Musicandbooks in der Jakobstraße.

74 Der MUZclub

Vorzeigeprojekt mit Wohlfühlflair

Durch diese hohle Gasse muss man kommen. Vorbei am ehrwürdigen Rio-Kino-Palast und an packenden Street-Art-Wandbildern geht es durch den schwarz-weiß besprühten Tunnel. Dann steht man vor dem gläsernen Vorbau des MUZclubs, der das Herzstück der Musikzentrale Nürnberg ist. 120 Konzerte, 15 Workshops und zig kleinere Veranstaltungen laufen in normalen Zeiten im 140 Quadratmeter großen Saal, der eine Sound- und Lichtanlage sowie eine stattliche Kneipentheke besitzt. Ein weinroter Vorhang ziert den Bühnenhintergrund, davor hängen zwei große Discokugeln an der Decke, während alte Sofas und Sessel ein nostalgisches Wohlfühlflair verbreiten, das im ganzen Haus liebevoll inszeniert wird.

Als 1983 die Musikzentrale in einem Hinterzimmer des Gostenhofer Jugendhauses geplant wurde, war die Erfolgsgeschichte des ein Jahr später gegründeten Vereins zur Förderung der populären Musik in der Region nicht abzusehen. Viele Rockbands waren damals Einzelkämpfer und litten unter dem Mangel an Übungsräumen, Auftrittsorten und bezahlbaren Aufnahmemöglichkeiten. Die Musikzentrale hakte sich ein, entwickelte klare Förderstrukturen und knüpfte Netzwerke für die mittlerweile 450 Mitglieder.

Der große Schritt nach vorn folgte im Januar 2007, als das eigene Domizil neben dem Jugendhaus GOST eröffnet wurde. Über dem MUZclub gibt es Büros, ein Tonstudio, Backstage- und Probenräume, ein paar Ecken weiter kann man sogar eine Absteige für überregionale Bands anbieten. 13 Leute arbeiten fest für das Vorzeigeprojekt, das 2023 beim bundesweiten Applaus-Preis für das beste Livemusikprogramm ausgezeichnet wurde. Ein Ritterschlag für Geschäftsführer Sebastian Wild und sein Team sowie die 90 Aktiven, die ehrenamtlich oder als Minijobber den Betrieb mitstemmen oder neue Projekte konzipieren, ob online oder hautnah. Nicht zuletzt für das Bardentreffen, wo die MUZ hinter der Lorenzkirche eine eigene Bühne hat.

Adresse Fürther Straße 63, 90429 Nürnberg-Gostenhof, Tel. 0911/266622, www.musikzentrale.com | ÖPNV U 1, Haltestelle Gostenhof, Bus 34, Haltestelle Gostenhof-West | Öffnungszeiten Mo, Mi, Fr 12–18 Uhr | Tipp Eine andere wichtige Anlaufstelle für junge Rock- und Popmusiker ist auch die »Luise – The Cultfactory« des Kreisjugendrings in der Scharrerstraße 15 in St. Peter.

75 Der Nelson-Mandela-Platz

Spiele, Pausen, Reflexionen

Es war eine einmalige Entscheidung, die südlich des Hauptbahnhofs gelegene Fläche nach Nelson Mandela zu benennen. 1990 war der südafrikanische Politiker und Apartheid-Gegner nach 27 Jahren aus der Haft entlassen worden – und der Nürnberger Stadtrat beschloss 1991 zum ersten und bisher einzigen Mal, eine lebende Person auf diese Art zu würdigen. 1993 erhielt Mandela (1918–2015) den Friedensnobelpreis, von 1994 bis 1999 war er der erste schwarze Präsident seines Landes, für dessen Demokratie und Einigungsprozess er zur zentralen Integrationsfigur wurde.

Für Nürnberg als Stadt der Menschenrechte war es eine Zierde, Mandela so früh geehrt zu haben. Danach folgte aber eine unendliche Geschichte, bis das Areal kein trostloser Parkplatz mehr war. Trotz vieler Pläne, Wettbewerbe und Bürgerbeteiligungen bis ins Jahr 2010 erfolgte der Umbaustart erst im April 2018. Weitere zweieinhalb Jahre gingen ins Land, bis Mitte September 2020 die Zäune verschwanden und der Blick frei war: auf eine urbane Arena mit großer Rasenfläche, mehreren auswechselbankartigen Sitzgelegenheiten und 70 neuen Bäumen.

Zehneinhalb Millionen Euro hat das Projekt gekostet, das sich trotz der Warterei gelohnt hat. Man sieht oft Kinder Fußball oder Fangen spielen, Leute mit und ohne Koffer eine Pause einlegen. Und es tut gut, dass Grün und Hellgrau dominieren, während deutlich weniger Autos hör- und sichtbar sind. Dafür steht nebenan Nürnbergs erster »Fahrradspeicher« für 400 Drahtesel.

Zur Vollendung des Nelson-Mandela-Platzes installierte man 2021 auf dem Rasen einen diamantartiger Acrylblock – ein Kunstwerk, das Nelson Mandelas zweiten Vornamen »Rolihlahla« trägt und wie der ganze Platz ein paar Infos zum besseren Verständnis vertragen könnte. Gern verbunden mit QR-Code.

Adresse Nelson-Mandela-Platz, 90459 Nürnberg-Galgenhof | ÖPNV U 1, U 2, U 3, S- und Regionalbahnen, Haltestelle Hauptbahnhof, Straßenbahn 7, Haltestelle Celtisplatz | Tipp Östlich vom Nelson-Mandela-Platz schließt sich der Celtisplatz an, der sich bis zum Karl-Bröger-Tunnel erstreckt und auch Sitzbänke, Grünflächen und moderne Kunstwerke besitzt.

76 Das Neue Museum

Nürnbergs Schaufenster zur Moderne

Lange wurde darum gekämpft. Dann, 2001, war es da. Groß war die Freude, doch schon bald war keiner mehr drin. Die Nürnberger zeigten sich überfordert von Ausstellungen, die nur einem kleinen Kreis von Eingeweihten etwas sagten. Namen wie Rémy Zaugg, Bridget Riley oder Tony Cragg waren so gut wie unbekannt in der Stadt. Die Besucherzahlen gingen in den Keller, das Haus glänzte mit imposanter Leere, wurde zum Synonym eines elitären Kunstbegriffs.

Dann, in der Ära von Angelika Nollert und später Eva-Christina Kraus, wurde eine vorsichtige Öffnung angestrebt. Kunst und Publikum durften wieder zueinander. Die reine Lehre wurde abgelöst durch ein pragmatischeres Konzept, Verständlichkeit war nicht länger ein Makel, Enigmatisches nicht länger eine Auszeichnung. Nun zeigte das Haus jene Schätze, die es ja zweifellos hat. Gerhard Richter bekam gleich einen ganzen Raum mit Beispielen aus verschiedenen Schaffensperioden, Werke von Georg Baselitz und Günter Fruhtrunk waren zu sehen, Einzelpretiosen wie Hödickes »Melancholie« oder Richard Lindners »Telefone«. Letzterer hatte immerhin seine gesamte Jugend und Kindheit in Nürnberg verbracht, ehe er emigrierte. Daneben Antes, Graubner, Knaupp, Penck und andere. Das von Architekt Volker Staab geniestreichartig entworfene Haus begann wieder zu leben.

Auch die Designabteilung wurde neu aufgemischt, die lange darniederliegende Kooperation mit der Neuen Sammlung in München erhielt neuen Schwung. Und man entdeckte den Klarissenplatz als zusätzliche Bühne mit Wasserspielen und Ähnlichem. Verschreckte Kunstfreunde kehrten zurück. Erfreuten sich wieder an Volker Staabs hellen Räumen und der sich schneckenhausartig nach oben verjüngenden Wendeltreppe, und sie genossen Querschnitts-Ausstellungen wie »30 Räume. 30 Künstler«. Das Staatsmuseum für zeitgenössische Kunst und Design, wie es offiziell heißt, war zurück in der Stadt.

Adresse Klarissenplatz, 90402 Nürnberg-Altstadt, Tel. 0911/2402069, www.mnm.de | ÖPNV U 1, U 2, U 3, Haltestelle Hauptbahnhof | Öffnungszeiten Di–So 10–18 Uhr, Do 10–20 Uhr | Tipp Ein besonders imposantes Gebäude in der Nähe ist die Mauthalle an der Ecke Hallplatz/Königstraße. Im Mittelalter war sie der Getreidespeicher der Stadt.

77 Die Nordkurve

Wo alles möglich ist

Es ist schon vorgekommen, dass Club-Fans in die Nordkurve kamen. Weil sie hinter dem Namen einen Treff für einheimische Fußballfans vermuteten, die im Nürnberger Max-Morlock-Stadion bekanntlich in der Nordkurve stehen. Mit solchen Irrläufern hat Jean-Francois Drozak kein Problem. Im besten Fall wird die Idee für eine Fußballausstellung geboren, manche gehen auch gleich wieder. Oder man unterhält sich über den Club, den Fußballgott und die Welt – bei einem Bier auf Spendenbasis.

Die Nordkurve in Gostenhof ist ein Experiment, ein Laboratorium, das der Theaterpädagoge Drozak geschaffen hat, »um auszuprobieren, was möglich ist«. Der 46-Jährige mit Eltern aus Brasilien und Belgien stieß 2005 auf den Laden mit den zwei großen Schaufenstern in der Rothenburger Straße 51, in dem 1977 die Wiege des Gostenhofer Naturkostladens Lotos stand, aber auch mal eine Apotheke und ein jugoslawischer Kulturtreff residierte.

Seine Frau Johanna hatte sich als Architektin intensiv mit dem Raum beschäftigt und den Originalzustand ohne Zwischenwände wiederhergestellt. Schließlich richtete Drozak das Büro seiner Agentur »Kunstdünger« ein. Er merkte aber bald, dass er so viel mit Jugendtheaterprojekten unterwegs war, dass er es kaum nutzte. Also entstand die Idee, den Raum mit den 4,50 Meter hohen weißen Wänden, dem roten Boden und der Wendeltreppe zusätzlich mit Kühlschrank, Lichtspots, Glitzerkugel, Soundanlage und einer Theke anzureichern und zum Showroom des gemeinnützigen Vereins zu machen, der offen für alle(s) ist.

Ausstellungen, Lesungen, offene Abende sorgten für Leben, dann kam Corona und die Karten wurden zum Teil neu gemischt. Die Gostenhofer Grünen erhielten Asyl, die Initiative Schwarzer ISD einen Treff, ebenso die queere Szene und alle, die Geburtstag feiern wollen, eine Location. »Party-Automat« heißt das Motto, den Schlüssel gibt's um die Ecke in der Hessestraße 4 im Lotos-Laden.

Adresse Rothenburger Straße 51a, 90443 Nürnberg-Gostenhof, E-Mail: info@nordkurve.info | **ÖPNV** U 1, U 2, U 3, Straßenbahn 4, 6, Bus 34, 36, 84, Haltestelle Plärrer | **Tipp** Direkt rechts neben der Nordkurve befindet sich im Souterrain der »Umsonstladen« des Vereins Jesus Freaks Nürnberg, der gut erhaltene, gebrauchte Dinge kostenlos oder gegen eine kleine Spende abgibt (E-Mail: info@umsonstladen-nuernberg.de, Di 17–20 Uhr, Fr 16.40–19.40 Uhr, Sa 9–14 Uhr).

78_Das Ökozentrum

Wegweisende Schritte im Klinkerbau

Ein Blickfang war der viergeschossige Klinkerbau schon 1909, als die Linde AG in der Hessestraße ihr Kühlwerk II errichtete, in dem sich das erste öffentliche Kühlhaus Süddeutschlands befand. Ein Pionierprojekt, das 74 Jahre später endete. Linde ließ alle Hallen bis auf das Verwaltungsgebäude mit dem Mansardenwalmdach abreißen und stiftete das Anwesen der Stadt, die es im Rahmen der ökologischen Stadterneuerung in Gostenhof-Ost für das Erste Nürnberger Ökozentrum verwendete, wofür ein 1988 gegründeter Verein das Konzept erarbeitete.

Damit begann ein weiteres wegweisendes Projekt im ziegelroten Haus.Bei der Renovierung des denkmalgeschützten Gebäudes kamen die Versammlungsräume im ersten Stock zuerst an die Reihe, und im Erdgeschoss folgte zügig der Naturkostladen Lotos. Weil neben Umweltbewusstsein und Nachhaltigkeit auch die gesunde Ernährung eine zentrale Rolle spielt. Ein Aushängeschild ist der Bioladen mit Mittagstisch geblieben, wobei Ulrike und Lilo Wolf auch auf soziales Bewusstsein und Solidarität großen Wert legen.

Für viele Sanierungsprojekte wurden im Ökozentrum die Weichen gestellt. Seit 1996 fungiert die Stiftung Stadtökologie, der die Stadt, die wbg, Obi, Brochier Haustechnik, das Evangelische Siedlungswerk und die AEG angehören, als Träger. Sie verwaltetdie 1.000 Quadratmeter Nutzfläche, die zu mindestens 50 Prozent an ehrenamtliche Organisationen zu vergeben sind. Umweltorganisationen wie der Bund Naturschutz, der Verkehrsclub Deutschland oder der Verein Schöpfrad sind im Ziegelbau mit der dick begrünten Fassade ebenso vertreten wie Sozial-, Friedens- und Gesundheitsinitiativen (wie »GoHo bewegt sich« von Monika Ott). Seit Dezember 2013 hat hier die heutige Grünen-Bundestagsabgeordnete Tessa Ganserer ihr Büro. Da die Fläche dahinter unbebaut blieb, gibt es reichlich Raum zum Spielen und Bolzen sowie eine Wand für gesprühte Streetart.

Adresse Hessestraße 4, 90443 Nürnberg-Gostenhof, Tel. 0911/288220 | **ÖPNV** U 2, U 3, Haltestelle Rothenburger Straße | **Tipp** Ein paar Meter neben dem Ökozentrum befindet sich die Moschee der weltoffenen Islamischen Gemeinde Nürnberg e. V. in der Hessestraße 12–14, in der Gäste willkommen sind (Tel. 0911/284111).

79 Die Ostermayr-Passage

Der schöne Charme der 50er

Das Schönste kommt zum Schluss. Das trifft nicht überall, aber sicher auf die Ostermayr-Passage zu. Denn die 40 Meter lange Ladenzeile, die von der Königstraße zum Weikertsgäßchen führt, mündet in ein aufgeweitetes Rondell, das im Vergleich zum schmalen Durchgangstrakt ein Hingucker ist. Das kunstvoll gesprenkelte Steinbodenmosaik und die runde, transparente Kassettendecke beweisen die Qualitäten der frühen 1950er Jahre, als nach Plänen des Architekten Karl Andersen das neue Haus der Kaufmannsfamilie Ostermayr entstand.

In der Nacht des 2. Januar 1945 hatten Bomben das Geschäftshaus für Hausrat, Geschenke und Schmückendes in der Königstraße zerstört, wo das 1820 an der Museumsbrücke gegründete Unternehmen nach einem Intermezzo am Lorenzer Platz seit 1900 residierte. Die schicke Ladenpassage sorgte beim Neubau für eine besondere Note. Legendär war das Café Davignon mit der geschwungenen Treppe, das nicht nur die Damenwelt zum Kaffeekränzchen anzog. Trotz kleinerer Umbauten hat die Ostermayr-Passage ihren 50er-Jahre-Charme nie verloren. Das Geschäft des Hausherrn wurde allerdings 2008 geschlossen.

An den Seiten leuchtet Werbung in den gläsernen Vitrinen, vor denen sich der Ladenmix stetig verändert. Taschen und Schuhe, Kurzwaren mit Schneiderei, Perücken und Hörgeräte gibt es weiter, dagegen sind ein Musikgeschäft und das Café Opera ausgezogen. Der Bibel-Buch-Laden wechselte schon vorher ins Bibel-Museum um die Ecke, auch der Büchertauschschrank wurde geleert. Dafür sorgt der Berufsverband Bildender Künstler seit Herbst 2023 für Ausstellungen und Begegnungen. Ein Fixpunkt bleibt der Kulturclub »Weinerei«, der teils in Verbund mit der »Zentrifuge« seit 2014 Konzerte, Ausstellungen, Tanzabende und Lesungen veranstaltet – und das am schönen Ende der Passage, wo's beim Rondell vier Stufen hoch geht und innen eine elegante Treppe sich nach oben wendelt.

Adresse Königstraße 33–37, 90402 Nürnberg-Altstadt | ÖPNV U1, Haltestelle Lorenzkirche | Öffnungszeiten Mo–Sa 9–20 Uhr | Tipp Das Antiquariat Deuerlein zog 2003 ins Erdgeschoss des Marientorzwingers in der Lorenzer Straße 33. Dort bekommt man einen der besten Cappuccini der Stadt und kann immer wieder gute Weine und unerwartete Bücher entdecken.

80 Der Petra-Kelly-Platz

Grüne Verbeugung und spätes Glück

Der Volksmund nannte ihn lange »Bauernplatz«. Nicht weil hier noch geackert worden wäre, sondern weil die Bauerngasse auf die Knauer-, Petzolt- und Gostenhofer Hauptstraße stieß. Offiziell blieb die Fläche, die im Rahmen der Stadtteilerneuerung Ende der 1980er Jahre mit 15 Ahornbäumchen plus Bank und Litfaßsäule entstand, ohne Namen. Was wohl auch daran lag, dass der Schleichwegverkehr weiter durchrollte. Ergo hielten sich nur Gestrandete von der nahen Heilsarmee mal länger auf.

Die Idee mit dem Stadtteilplatz schien erledigt. Dann kamen Leute wie der Architekt Udo B. Kloos, der Anfang 2009 seine NEOOS-Design-Galerie eröffnete und begann, das Areal vor der Tür zu bespielen. Ein Liegestuhl am Strand, Herzensbotschaften oder eine Tauschbörse tauchten auf der Litfaßsäule auf, während die Galerie zum Experimentierlabor wurde, wo Eis, Backaktionen, Schuhe oder italienische Leckereien die Leute anzogen.

Für einen wegweisenden Schritt sorgten auch die Gostenhofer Grünen, indem sie Petra Kelly, die Parteimitgründerin und Vordenkerin des ersten Bundesvorstands, als Namenspatronin vorschlugen. Sie war verbandelt mit Nürnberg, wo ihre Großmutter lebte. Die Friedensaktivistin und Ökologin selbst hatte ab 1970 längere Zeit ihren Wohnsitz hier. 1980 und 1983 kandidierte sie im Wahlkreis Nürnberg-Nord für die Ökopartei, für die sie von 1983 bis 1990 im Bundestag saß. Das reichte dicke, um im Juli 2011 im Rathaus eine Mehrheit für die Verbeugung vor der Grünen-Pionierin zu bekommen.

Die Umbenennung brachte frischen Wind. »Café Mainheim«, »Hempels Gasthaus« und »achtzenn97« sorgten für noch mehr Leben rund um den Petra-Kelly-Platz. Letztlich war es höchste Zeit, als im Frühjahr 2019 der Durchgangsverkehr unterbunden und der Platz beruhigt wurde. Nun spielen Kinder, plaudern Anwohner, und bis auf ein paar unverbesserliche Autofahrer sind alle glücklich.

Adresse Petra-Kelly-Platz, 90443 Nürnberg-Gostenhof | ÖPNV U 2, U 3, Haltestelle Rothenburger Straße | Tipp In der Knauerschule befindet sich seit den späten 1980er Jahren der erste Schulspielhof Nürnbergs, womit Nürnberg damals bundesweit Vorreiter war – kürzlich musste er mal wieder aufpoliert werden.

81 Das Plärrer-Hochhaus

Ganz Nürnberg im Blick

Als das Plärrer-Hochhaus im Herbst 1953 bezogen wurde, war der Neubau eine Riesenattraktion. Mit 56 Metern avancierte der 15-stöckige Stahlbetonbau zum höchsten Gebäude in Bayern. Das ist er mittlerweile zwar schon lange nicht mehr, doch der schlanke, klar gegliederte Bürokomplex mit den 1.060 Fenstern, an den sich ein viergeschossiger, 100 Meter langer Seitentrakt als horizontales Pendant anschließt, macht noch immer eine gute Figur. Erst recht seit der Ende 2019 abgeschlossenen Komplettsanierung.

Der renommierte Nürnberger Nachkriegsarchitekt Wilhelm Schlegtendal (1906–1994) wollte mit dem Plärrer-Hochhaus am Westrand der großen Verkehrsdrehscheibe eine städtebauliche Dominante setzen. Um die Wirkung zu verstärken, wurde zum Schluss auf das schnittig geformte, gläserne Dachgeschoss ein zwölf Meter hoher Mast gesetzt. Und um den Büroturm noch plastischer zu machen, steht er nicht ganz parallel zur Fürther Straße, sondern wurde um fünf Zentimeter verdreht.

Die Bausumme für das Domizil der Städtischen Werke (später Ewag und inzwischen N-Ergie genannt) betrug 9,5 Millionen Mark. Was im Vergleich zu den 50 Millionen Euro, die jetzt der zeitgemäße Brandschutz, die umfassenden Betonreparaturen und viele energetische Verbesserungen verschlungen haben, nach wenig klingt. Mit dem Kraftakt wurde das Wahrzeichen für den Wiederaufbau Nürnbergs, das seit 1988 unter Denkmalschutz steht, vorbildlich aufpoliert.

Glanzstücke gibt es auch im Inneren – von der feingliedrigen Betontreppe im Foyer mit dem grazilen Geländer und dem Brunnen darunter, in dem früher Goldfische schwammen, bis zum Gobelin mit dem Plärrer-Hochhaus im 14. Stock. Eine einzige Augenweide ist die Aussicht vom Dach, von wo aus man ganz Nürnberg im Blick hat. Ein einziger Jammer ist allerdings, dass 1977 der Paternoster ausgebaut und durch Aufzüge ersetzt wurde. Was waren das für aufregende Fahrten vor der Schwimmstunde im Volksbad!

Adresse Am Plärrer 43, 90429 Nürnberg-Gostenhof | **ÖPNV** U 1, U 2, U 3, Straßenbahn 4, 6, Bus 34, 36, 84, Haltestelle Plärrer | **Tipp** An das Plärrer-Hochhaus wurde 1961 das Nicolaus-Copernicus-Planetarium angehängt, in dessen Kuppelsaal viele Veranstaltungen stattfinden. Daneben befindet sich das 1913 erbaute Volksbad, das 1994 geschlossen wurde – seit 2021 läuft der 55 Mio. Euro schwere Umbau. Ende 2024 soll der Badebetrieb wieder starten.

82 Die Platanenallee

Grüne Siegeszeichen

Man muss sich ihr vom Altstadtring nähern. Denn von dort sieht die Platanenallee am beeindruckendsten aus, weil die Bäume im vorderen Abschnitt durchgehend zweireihig stehen. Gepflanzt wurden sie im Jahr 1903, als mit dem Prinzregentenufer eine Allee angelegt wurde, die in Nürnberg ihresgleichen sucht. Kein Wunder, dass sie 2004 als 39. Naturdenkmal in Nürnberg unter besonderen Schutz gestellt wurde.

Zu Ehren von Prinz Luitpold von Bayern, dem Sohn von Ludwig I., ließ die Stadt die Prachtstraße oberhalb der Pegnitz bauen. Damals befand man sich hier genau genommen auf dem Areal der Cramer-Klett'schen Maschinenfabrik, bekanntlich ein Vorläufer des heutigen MAN-Unternehmens. Auf alten Postkarten aus dem Jahr 1922 wirkt die lange Baumreihe ziemlich mickrig, doch im Laufe der Jahrzehnte haben die Platanen stolze Ausmaße entwickelt, was für ein beeindruckendes Laubdach sorgt. Dieses färbt das Straßenbild ab Ende April, wenn die Blätter zu sprießen beginnen, in einen zarten Grünton, der danach immer satter wird, bis im Herbst verstärkt Rot- und Brauntöne ins Spiel kommen.

Ein paar Kastanien, Eichen und Ahorne mischen sich inzwischen in die Phalanx der Platanen, die durch ihre glatte, dezent gefleckte Rinde etwas Malerisches haben. Beim näheren Hinsehen fällt außerdem auf, dass die Stämme nach oben eine ausgeprägte V-Form besitzen. Wenn man V mit Victory gleichsetzt, haben die Platanen also etwas von grünen Siegeszeichen. Das verleiht dem Ganzen etwas himmelhoch Jauchzendes. Und die Bäume stellen das 25 Meter hohe steinerne Reiterstandbild von Otto von Bismarck glatt in den Schatten, das im vorderen Teil des Prinzregentenufers steht.

Über die Macht der Natur kann man sich eins grinsen. Nur die vielen parkenden Autos passen nicht ins Bild und stören auch die Fußgänger beim Flanieren. Es wäre höchste Zeit und ein Meilenstein, wenn der Stadtrat da mal ein Zeichen setzen würde.

Adresse Prinzregentenufer, 90489 Nürnberg-Wöhrd | ÖPNV U 2, Haltestelle Wöhrder Wiese, Straßenbahn 8, Haltestelle Hübnerstor | Tipp Ein paar Schritte nördlich befindet sich der Cramer-Klett-Park, der 2019 runderneuert wurde und einen feinen Fontänen-Brunnen bekam; in der Mitte residiert im Apollotempel seit über 50 Jahren das Nürnberger Marionettentheater.

83 Der Quellepark

Obstbäume und Grün für den Westen

Jahrzehntelang standen hier Busse, besonders zur Adventszeit, wenn viele Saisonkräfte im Quelleversandzentrum gebraucht wurden. Doch die Pleite des Unternehmens Ende 2009 machte klar: Die Asphaltfläche zwischen Wanderer-, Adam-Klein- und Augsburger Straße war wie andere Quelle-Parkplätze frei für neue Nutzungen. Als einer der Ersten brachte damals SPD-Stadtrat Michael Ziegler neben Wohnungsbau eine neue Grünanlage für den Westen ins Gespräch. Und trotz mehrfacher Verzögerungen hat es geklappt: Im Sommer 2020 ist der Quellepark auf dem Ex-Busparkplatz eröffnet worden.

Auf 8.300 Quadratmetern wurde eine beispielhafte Attraktion für alle Generationen angelegt. Um die zentralen Wasserfontänen befindet sich ein Bewegungsraum für Größere mit Geräten für sportliche Aktivitäten. Wer es lieber gemütlich mag, kann sich auf den Rasen oder hölzerne Plattformen legen. Die Kinder haben im Süden eine eigene Fläche zum Spielen und Toben bekommen.

Der nördliche Bereich ist als Gemeinschaftsfläche mit einem »essbaren Park« konzipiert, der 2017 bei der Bürgerbeteiligung im Zuge des 2013 gestarteten Planungsprozesses wiederholt gewünscht wurde. Für die 16 Obstbäume haben sich vier Paten gefunden, die sich nun zehn Jahre lang um Pflege und Ernte kümmern werden. Dazu gehören die Vereine »HeHani« und »Treffpunkt« sowie der Kinderhort Wandererstraße und der Kindergarten Grünschnabel. Ausgewählt haben sie für das Pilotprojekt einheimische Arten – wie die Fränkische Hauszwetschge, die Birnen »Köstliche von Charneux« und »Doppelte Philippsbirne« sowie den Apfel »Jakob Fischer«.

Knapp 2,3 Millionen Euro hat der Quellepark gekostet, für den die Stadt Zuschüsse von Bund und Freistaat im Rahmen der Stadterneuerung Weststadt erhielt. Ergänzend ist nebenan bei den neuen Wohngebäuden noch ein gepflasterter Platz und zusätzliches Grün entstanden. Und Bäume kann der Westen noch mehr gebrauchen.

Adresse Wandererstraße 44, 90431 Nürnberg-Eberhardshof | ÖPNV U1, Haltestelle Eberhardshof | Öffnungszeiten rund um die Uhr | Tipp Der vom Verein Bluepingu getragene Stadtgarten, der sich von 2012 bis 2017 auf einem Stück des Quelleparks befand, hat um die Ecke in Eberhardshof 2 ein neues Domizil gefunden, wo es immer wieder gemeinschaftliche Urban-Gardening-Aktionen gibt (www.stadtgarten-nuernberg.de oder Tel. 0911/2346372).

84_Die Regenbogenbank

Bunte Erinnerung an finstere Zeiten

Es ist schon merkwürdig, wie lange die Fläche am Sterntor namenlos war und eher stiefmütterlich behandelt wurde. Am Rand des Stadtgrabens steht zwar die konsumkritisch gemeinte »Netz«-Plastik von Ansgar Nierhoff, doch die Spuren der Vergangenheit blieben verwischt. Bis die Stadt im Jahr 2013 immerhin eine Stele aufstellte, die an die frühere »Straßenbahnwartehalle mit Bedürfnisanstalt« erinnern sollte, die ein Treffpunkt von Homosexuellen war, die damals vom Strafrechtsparagrafen 175 bedroht waren, der sexuelle Handlungen von Männern kriminalisierte (er wurde 1969 modifiziert, aber erst 1994 gestrichen).

Über 50.000 Männer sind deswegen zwischen 1933 und 1945 verurteilt und eingesperrt worden, während viele lesbische Frauen von den Nazis unter dem Vorwand der Prostitution angezeigt wurden. An diese finsteren Zeiten erinnert die Infotafel, die aber nicht großartig auffiel. Deshalb hat der Servicebetrieb Öffentlicher Raum die Anregungen des Vereins Fliederlich aufgegriffen und 2020 das Umfeld der Stele für 100.000 Euro zu einem würdigen Gedenkort für die homosexuellen Opfer des Nationalsozialismus gemacht.

Ein großes Blumenfeld, das der Förderverein Christopher Street Day Nürnberg pflegt, hat man mit Steinplatten, einer Gedenkkugel und nachdenklichen Botschaften angereichert. Für einen passenden bunten Hingucker sorgt in der Mitte eine Sitzgelegenheit in den Farben der Queer-Bewegung: die rot-orange-gelb-grün-blau-violette Regenbogenbank, die erste ihrer Art in Nürnberg, die auch eifrig genutzt wird.

Benannt wurde die 500 Quadratmeter große Fläche nach dem jüdischen Sexualwissenschaftler Magnus Hirschfeld, einem Pionier der ersten Homosexuellen-Bewegung. Das von ihm 1897 in Berlin mitgegründete Wissenschaftlich-humanitäre Komitee forderte als erste Organisation die Streichung des unsäglichen Paragrafen 175. In Nürnberg hatte es auch etliche Unterstützer.

Adresse Magnus-Hirschfeld-Platz, 90402 Nürnberg-Altstadt | ÖPNV U 2, Haltestelle Opernplatz | Tipp Etwa 200 Meter in Richtung Plärrer befindet sich am Frauentorgraben gegenüber der AOK ein rostroter Kubus, der an die von den Nazis ermordeten Sinti und Roma erinnert.

85 Die Rosenau

Ideales Schnittmuster für alle Oasen

Die Rosenau ist eine Grünanlage, die das Herz von Großstädtern höherschlagen lässt. Das fängt beim Cafe Kiosk an, wo an runden Bistrotischen alle Altersklassen anzutreffen sind. Zweijährige schlecken Eis, Studenten tippen in Smartphones, eifrige Zeitungsleser schlürfen Milchkaffee, in Ehren ergraute Musiker plaudern über die Euro-Krise, und eine gut gelaunte Mütterrunde hat vom schattigen Eckplätzchen einen Rundumblick auf die große Liegewiese und den Kinderspielplatz dahinter, wo ihre Kleinen herumhüpfen.

Der Park in der Rosenau ist übersichtlich angelegt, hat aber nette Nischen zu bieten. Mit Bänken für Liebespärchen, Platten für Tischtenniscracks, Liegen fürs Mittagsschläfchen oder dem Rondell mit rosa Rosen für die Blumenfans. Nicht zu vergessen: die Kieselwege am Rand, die ideal zum Boule-Spielen sind. So weht ein Hauch von Paris durch die Rosenau, wenn am frühen Abend die Kugeln klacken und anschließend mit einem Glas Pastis angestoßen wird.

Allerdings gab es im Frühjahr 2011 mächtig Ärger, weil der Servicebetrieb Öffentlicher Raum der Stadt Nürnberg meinte, die Boule-Spieler vertreiben zu müssen. Hunderte von Unterschriften sorgten schließlich für die Rücknahme des Verbots.

Über das Schild mit den neuen Park-Regeln hat jemand inzwischen Hammer und Sichel gesprüht – der Fingerzeig mit dem Kommunismus passt irgendwie ebenso hierher wie die Tafel der Frauenrechtlerin Clara Zetkin am Kioskpfeiler. Völker, hört die Signale und merkt euch: In dieser Oase kommen alle prima miteinander klar, inklusive Tai-Chi-Gruppen und Literatenrunden. Das Rosenau-Konzept wäre also ein ideales Schnittmuster für andere Grünanlagen.

Und da der Minnesängerbrunnen nur leise plätschernd an die alten Zeiten mit dem nach 1945 zugeschütteten Weiher erinnert und die Beleuchtung bewusst sparsam gehalten ist, wird es in der Regel abends schnell ruhiger. Das freut die Nachbarn.

Adresse Bleichstraße 5, 90429 Nürnberg-Gostenhof | **ÖPNV** U 1, U 2, U 3, Haltestelle Plärrer, Straßenbahn 4, Haltestelle Obere Turmstraße | **Öffnungszeiten** Café Kiosk 10–23 Uhr bei schönem Wetter | **Tipp** Das »Balazzo Brozzi« in der Hochstraße 2 am Rand der Rosenau bietet gutes Essen, ein beliebtes Frühstücksbuffet am Sonntag, regelmäßig Ausstellungen und gelegentlich Livekonzerte.

86 Der Saal 600

Wo die Nazi-Größen verurteilt wurden

Man übertreibt nicht, wenn man sagt, dass hier Weltgeschichte geschrieben wurde: im Justizpalast in der Fürther Straße im Saal 600, der noch bis Februar 2020 der Nürnberger Justiz als Sitzungssaal diente. Vom 20. November 1945 bis zum 1. Oktober 1946 fanden hier unter dem Vorsitz der Alliierten die Nürnberger Prozesse statt. Angeklagt wegen Kriegsverbrechen und Verbrechen gegen die Menschlichkeit waren Nazi-Größen wie Hermann Göring, Albert Speer, Rudolf Hess, Alfred Jodl, Ernst Kaltenbrunner und Julius Streicher. In zwölf Fällen lautete das Urteil auf Tod durch den Strang, drei lebens- und vier langjährige Haftstrafen wurden ausgesprochen, drei Angeklagte kamen frei. Zwischen 1946 und 1949 folgten zwölf weitere Prozesse, bei denen sich SS- und Polizeiführer, Wehrmachtsoffiziere, Beamte und Industrielle zu verantworten hatten.

Es war kein Zufall, dass Nürnberg für die Prozesse ausgesucht worden war. Zum einen wollten die Amerikaner, dass die Verfahren in ihrer Besatzungszone über die Bühne gingen, zum anderen bot Nürnberg mit der Verbindung von Gericht und Gefängnis nebenan ideale logistische Voraussetzungen. Hinzu kam die Rolle der Stadt in der Zeit des Nationalsozialismus. So bestand viel Symbolik in der Tatsache, dass diese Prozesse in der Stadt der Reichsparteitage stattfanden.

Die Besucher können sich in einer Dauerausstellung im Dachgeschoss über dem Saal 600 über das Thema informieren, wo auf Initiative der Museen der Stadt das Memorium Nürnberger Prozesse im November 2010 eröffnet wurde. Auf 700 Quadratmetern bieten Schautafeln und historische Objekte wie die Anklagebank oder der Stuhl des Chefanklägers Robert H. Jackson einen authentischen Eindruck des Geschehens.

Der Blick des Museums geht aber weit über die damaligen Prozesse hinaus. Auch deshalb gilt der Saal 600 als Kandidat für das UNESCO-Weltkulturerbe. Das ist aber (noch) Zukunftsmusik.

Adresse Memorium Nürnberger Prozesse, Bärenschanzstraße 72, 90429 Nürnberg-Gostenhof, www.museen.nuernberg.de/memorium-nuernberger-prozesse | ÖPNV U 1, Haltestelle Bärenschanze | Öffnungszeiten Nov.–März Mi–Mo 10–18 Uhr, Apr.–Okt. Mo, Mi–Fr 9–18 Uhr, Sa, So 10–18 Uhr | Tipp Es ist nicht weit bis zu den Pegnitzauen. Dort kann man sich erholen oder im Sommer das Westbad an der Wiesentalstraße besuchen.

87__Das Schlafende Nashorn

Stilles Ausrufezeichen am Egidienberg

Am Egidienberg haben sich schon manche die Zähne ausgebissen. Insbesondere wenn es um die Frage ging, wie man die große, schön geschwungene, teils abschüssige Kopfsteinfläche rund um die Egidienkirche von all den vielen Blechkarossen befreien könnte. Bei einer Aktion zum internationalen »Parking Day« trommelte Schlagzeuger Yogo Pausch im September 2018 stundenlang für einen autofreien Egidienplatz. Ohne durchschlagenden Erfolg, aber einen Monat später tat sich immerhin etwas am Fuß des Egidienbergs: Die Stadt setzte ein stilles Ausrufezeichen in Form eines vor sich hin dösenden Nashorns.

Leicht oberhalb der Kreuzung zur Inneren Laufer Gasse liegt nun die 100 Kilogramm schwere elfenbeinfarbige Plastik aus Polyesterharz auf einer kleinen Insel. Der massige Körper ist nach rechts gekippt, die Augen sind geschlossen, ganz entspannt wirkt das tierische Werk der polnischen Künstlerin Dorota Hadrian, Jahrgang 1984, das im Juli 2016 erstmals in Nürnberg aufgetaucht war. Im Rahmen der Freiluftschau zum 20-jährigen Bestehen des Krakauer Hauses lag »Das Schlafende Nashorn« zuerst wochenlang auf dem Hans-Sachs-Platz und anschließend vor dem Opernhaus.

Die Plastik, die als Hommage an Albrecht Dürers berühmten »Rhinocerus«-Holzschnitt von 1515 bewertet werden darf, stieß bei Klein und Groß auf Begeisterung. Am Ende schenkte die Stadt Krakau das Kunstwerk ihrer mittelfränkischen Partnerstadt. Und bei der Frage nach dem passenden Standort plädierte Baureferent Daniel Ulrich erfolgreich für den Egidienberg.

Nachdem das Nashorn hier schon mal die wenig ansehnlichen Altglascontainer verdrängt und zugleich für eine leicht gebogene Sitzbank gesorgt hat, könnte es der Auftakt für weitere Verbesserungen im Umfeld sein. Und wenn nicht, sollte der dösende Koloss eines Tages doch mal aufstehen und im Rathaus ein gewaltiges Donnerwetter veranstalten.

Adresse Egidienplatz/Innere Laufer Gasse, 90403 Nürnberg-Altstadt | ÖPNV Bus 36, 94, Haltestelle Egidienplatz | Tipp Tierische Plastiken gibt es noch viele im Stadtgebiet, sehenswert sind auf alle Fälle auch der steinerne Ochse auf der Fleischbrücke, die Hasen-Plastik von Jürgen Goertz am Tiergärtnertorplatz und die hölzerne Echse von Christian Rösner vor der Montessori-Schule in der Dr.-Carlo-Schmid-Straße.

88 Der Schnepperschütz

Volltreffer an der Hallerwiese

Gute 100 Meter von der Sandsteinmauer entfernt kniet ein Typ mit angelegter Armbrust auf dem Brunnen. Doch einen Pfeil hat er noch nie abgeschossen. Denn es handelt sich nur um eine Kunstfigur, die seit 1904 an Schießwettbewerbe erinnert, die von der Mitte des 15. bis weit ins 18. Jahrhundert auf der Hallerwiese stattfanden. Die einst von der Patrizierfamilie Haller spendierte Grünanlage gilt als älteste ihrer Art außerhalb der Stadtmauer. Und die Historie war dem kreativen Gastronomen Ralf Siegemund natürlich wohlbekannt, als er den ersten Pfeil in Richtung Rathaus abfeuerte.

Die Ausgangslage war diffizil, denn um am Rand des Hallertors ein Tagescafé einrichten zu können, musste ein verrufenes stilles Örtchen aufpoliert werden, das jahrelang geschlossen war. Doch es klappte: 2009 wurde Eröffnung gefeiert. Und schnell entpuppte sich der »Schnepperschütz« als Volltreffer.

Nun ist der erste warme Tag im April alljährlich ein Grund zum Jubeln, wenn die roten Sonnenschirme samt Bistrotischen, Flechtstühlen, Zeitungshaltern, Stehtischen und den schwarzen Tafeln mit Speis und Trank draußen stehen. Man bestellt am Tresen, Selbstbedienung ist Trumpf. Manchmal ist die Wartezeit etwas länger, weil zu viele ihren Altstadtbesuch in dieser schönen Schleuse zwischen Arbeit und Bett ausklingen lassen – bei Landbier, Selfmade-Limo, Landbrot mit pikantem Aufstrich oder zwei Kugeln Eis in der Waffel, die es inzwischen auch gibt.

An lauen Abenden sorgen die letzten Sonnenstrahlen dafür, dass die Steintreppe aufwärts mit Rotwein kauenden »Schnepperern« voll besetzt ist. Wie nebenan die Pärchen, Cliquen und Familien auf Decken auf der Wiese sitzen alle friedlich plaudernd da. Und manche bestaunen am Rand zwei große Platanen und eine uralte Eiche, die Naturdenkmäler sind. Deswegen wird der Radweg, der am »Schnepperschütz« vorbei durch die Hallerwiese führt, bis auf Weiteres nicht asphaltiert. Besser so.

Adresse Am Hallertor 3, 90403 Nürnberg-Altstadt | **ÖPNV** Straßenbahn 4, 6, Bus 36, Haltestelle Hallertor | **Öffnungszeiten** circa Mitte April–Ende Okt., je nach Witterung Do, Fr 7.30–22 Uhr, Sa, So ab 10 Uhr | **Tipp** Wem es um den »Schnepperschütz« zu voll ist und wer sein Picknick dabeihat, kann auf die andere Flussseite wechseln und sich am Kontumazgarten auf die Steinstufen an der Pegnitz sitzen.

89 Die Sebalduskirche

Wo der Stadtpatron ruht

In dieser Kirche ruht Nürnbergs Stadtpatron, der heilige Sebald. Über ihn gibt es wilde Gerüchte. Mit leuchtenden Fingerspitzen soll er unterwegs gewesen sein, der Eremit aus dem Reichswald, bei Regensburg sei er auf seinem Mantel über die Donau geschwebt, und einem Bauern habe er das verirrte Vieh zurückgebracht. Ein echter Teufelskerl eben, der Mann mit dem Vollbart und dem Hut mit hochgebogener Krempe, auf der eine Muschel zu sehen war.

Und weil dieser Sebald verfügt hatte, dort begraben zu werden, wo sein Ochsenkarren dereinst stehen bleiben werde (und dies vor der kleinen Petruskapelle unterhalb des Burgbergs geschah), wurde ihm an dieser Stelle ein imposantes Hochgrab errichtet und drum herum eine Kirche gebaut: die Sebalduskirche. Das Grab aber stammte von Peter Vischer, dem Erzgießer vor Ort, der damit seinen Ruhm beträchtlich mehrte. Zusammen mit seinen Söhnen war er in Italien gewesen und hatte eine ganz andere Lebensauffassung mit nach Hause gebracht: heiter, verspielt, mit erotischen Anklängen, lebensfroh.

88 zumeist nackte Engel singen, musizieren und sind albern, vier Delphine, Symbol der Menschenfreundlichkeit, und zwölf Schnecken, Symbol der Auferstehung, tragen das Weltengebäude, das bei aller Materialschwere etwas schwebend Leichtes, Unbeschwertes ausstrahlt. Ausgesprochen filigran zeigt sich das schwere schwarze Erz in diesem Wechselspiel von Diesseits und Jenseits, so bei der Darstellung der zwölf Apostel, die die gegenwärtige Kirche repräsentieren, oder bei den sechs Legenden aus dem Leben des heiligen Sebald. Und über allem schwebt das Jesuskind, die Weltkugel in der Hand.

Ein echtes Meisterwerk, inspiriert vom Geist der Renaissance und der damit verbundenen Aufbruchsstimmung in Italien, ist Peter Vischer mit diesem Grabmal gelungen. Es fügt sich würdig ein in die Sebalduskirche und bringt eine optimistisch-heitere Note in den schmucken Altarraum.

Adresse Albrecht-Dürer-Platz 1, 90403 Nürnberg | ÖPNV Bus 36, 94, Haltestelle Rathaus | Öffnungszeiten Jan.–März täglich 9.30–16 Uhr, April–Dez. täglich 9.30–18 Uhr | Tipp Der Sebalder Platz vor der Kirche wird jedes Jahr bei der Blauen Nacht in ein besonderes Licht getaucht, zuletzt wurde er aber als Klimacamp von der »Nürnberg For Future«-Bewegung genutzt.

90 Der Silbersee

Ein See voll Gift, Müll und Größenwahn

Der Ort hat Symbolcharakter: eine Baugrube, gefüllt mit Regen- und Grundwasser, schön anzuschauen, aber hochgiftig. In der Tiefe eine Sondermülldeponie, vom Wasser kaschiert. Seit Jahrzehnten gilt strengstes Badeverbot. Die unmissverständliche Warnung: Lebensgefahr! Irgendwo im Gras das Schild: »Hier sollte das Deutsche Stadion entstehen.«

Wer das liest, befindet sich am bis zu zehn Meter tiefen Silbersee im Südosten der Stadt. Hat den Dutzendteich hinter sich gelassen und sieht sich von einer gepflegten Parklandschaft umgeben. Jogger, Nordic Walker, Spaziergänger, ein paar versprengte Radler. Und mittendrin verseuchtes Gelände: Schwefelwasserstoff, Abfall, nationalsozialistisches Gedankengut, symbiotisch miteinander verbunden. In der Versenkung verschwunden, noch ehe es entstanden ist. Eine Sanierung gilt bis heute als unkalkulierbar teuer.

So sah der absolut größenwahnsinnige Plan aus: Nicht weit vom Zeppelinfeld entfernt sollte eine weitere NS-Bühne entstehen, diesmal für den Sport. Albert Speer, Hitlers Mann fürs Großspurige, Megalomane, hatte die Planung, und es sollte das größte Stadion der Welt werden. Für über 400.000 Zuschauer, 800 Meter lang, 450 Meter breit und über 100 Meter hoch. Nach den Olympischen Spielen 1936 in Berlin, so Hitlers Absicht, würden alle weiteren Spiele in diesem Stadion stattfinden. Die Völker der Welt, nach einem weltweiten Krieg dem Willen der Nationalsozialisten unterworfen, sollten gezwungen werden, ihre Athleten nach Nürnberg zu schicken. Sogar die Ausmaße der Fußballfelder sollten neu festgelegt werden. Das Stadion sollte Ausdruck einer neuen Zeitrechnung sein.

Die Grundsteinlegung 1937 fand noch statt, alles andere ist Makulatur. Zwischen 1937 und 1939 wurde im Hirschbachtal in der Oberpfalz ein Teilmodell mit drei Tribünenterrassen errichtet. Eine Art Welt-Stadion light. Es verschandelt die Landschaft noch heute.

Adresse Große Straße, 90471 Nürnberg-Langwasser | ÖPNV Straßenbahn 5, Haltestelle Doku-Zentrum Reichsparteitagsgelände | Tipp Eine Runde um den Dutzendteich drehen und in der Gaststätte »Bahnhof Dutzendteich« einkehren, das macht den absurden Ortstermin halbwegs genießbar.

91 Der Skatepark Spittlertorgraben

Krachende Kunststücke vor alten Mauern

Schlag auf Schlag kracht, surrt und scheppert es. Stakkato-Sound ist im Spittlertorgraben angesagt. Während nebenan Fuß- und Basketbälle fliegen, geht es im Skatepark lautstark zur Sache, was nicht alle Nachbarn freut. Auf den schmalen Brettern rauschen Jungs und Mädels über die Piste, springen auf Rampen, sausen Geländer runter, gleiten lang gezogene Kanten entlang und knallen am Ende auf den harten Beton. Ab und zu landen auch welche unsanft auf den vier Buchstaben, aber geheult wird nicht. Ein paar Schrammen gehören dazu.

Solange es nicht regnet, flitzen und hüpfen hier zwei, drei Dutzend Kids herum. Obwohl die Anlage laut Tafel nur für Skateboards und Inlineskates gedacht ist, kommen auch junge Rollerakrobaten mit ihrem Skooter oder auch etwas ältere Semester mit ihrem BMX vorbei. Eng geht es auf den verschiedenen Ebenen oft zu, trotzdem läuft das rasante Geschehen erstaunlich geordnet ab.

Im Spittlertorgraben gab es seit 2001 eine Skateanlage, die aber Kritik erntete. Der Skateboardfreunde-Verein hat zehn Jahre für Verbesserungen gekämpft und sich intensiv am Planen beteiligt. Im Juli 2013 ist der 150 Meter lange und 850 Quadratmeter große Skatepark eröffnet worden, der als Nummer eins in Nürnberg gilt. Für rund 280.000 Euro hat die Stadt den Parcours aus Rampen und Hindernissen mit Rails (Geländern) und Curbs (Kanten) gebaut. Und er wird eifrig genutzt, wie zahllose Schleifspuren beweisen.

Abgesehen vom sportlichen Aspekt ist der Skatepark der Treffpunkt einer bunten Szene. Anfänger, ältere Brettakrobaten und sogar Sehbehinderte wie Hansi Bruckmeier (der mit dem weißen Stock!) sind vor Ort. Entscheidend sind die Tricks, die jemand draufhat. Und ab und zu gibt es einen Contest, bei dem alle ihre Kunststücke vorführen. Krachend, versteht sich.

Adresse Spittlertorgraben 41, 90429 Nürnberg-Altstadt | **ÖPNV** U 1, U 2, U 3, Haltestelle Plärrer, Straßenbahn 4, 6, Bus 36, Haltestelle Obere Turnstraße | **Öffnungszeiten** April–Okt. 8–21 Uhr, Nov.–März 9–20 Uhr, So und Feiertage (auch im Winterhalbjahr) 9–21 Uhr | **Tipp** Andere beliebte Orte zum Skaten sind der Pool (oder Bowl) am Pferdemarkt in St. Leonhard und die steinerne Fläche rund um den Kornmarkt in der Altstadt.

92 Die Sternwarte

Lichtblicke am späten Abend

Man muss hingehen, wenn es richtig dunkel ist. Das heißt im Sommer am besten nach halb elf Uhr abends. Und es sollte möglichst sternenklar sein, weil sonst die netten Leute von der Nürnberger Astronomischen Arbeitsgemeinschaft, kurz NAA genannt, ihre Teleskope auf der Terrasse gar nicht erst aufbauen, geschweige die Kuppel öffnen, von wo man mit dem großen Fernrohr tief ins unendliche Weltall schauen kann.

Seit 1931 steht die ziegelrote Sternwarte mit dem grünen Kupferdach oben am Rechenberg. 1999 hat die Stadt die Regie an die NAA abgegeben, die für Laien wie für Experten ein spannendes Programm macht. Und wenn sich etwas Spektakuläres in unserer Milchstraße oder in einer anderen Galaxie anbahnt, stehen die Menschen schon mal Schlange, um sich das Geschehen durch die 20- bis 1.000-fach vergrößernden Spiegelteleskope genauer anzusehen. Auch wenn die nächtliche Beleuchtung der Stadt und besonders des Business Towers stört, winken himmlische Lichtblicke. Dank mobiler Treppen können auch Kinder durchgucken und Sternschnuppen erhaschen, von denen es alljährlich Mitte August viele gibt, weil unser Planet dann durch einen Kometenschweif rotiert.

Atemberaubend nah kommen Sternwartengäste auch dem Mond, der von der Erde lächerliche 400.000 Kilometer entfernt ist. Andere Punkte, die nachts flirrend leuchten, können dagegen 22.000 Lichtjahre weit weg sein. Und das heißt: Es ist gut möglich, dass dieser Stern gar nicht mehr existiert. Solche Info-Häppchen streuen die NAA-Experten ebenso ein wie Erklärungen über aktuelle Sternenbilder, in denen ehemalige Sonnen zu finden sind.

Wer allerdings mit den Astronomen über astrologischen Horoskop-Hokuspokus reden will, erntet ein müdes Grinsen. Damit hat man in der Sternwarte nichts am Hut. Hier zählt die Realität, inklusive Satelliten und Raumstation ISS, die mit bloßem Auge zu erkennen ist. Kaum zu glauben, aber wahr!

Adresse Regiomontanusweg 1, 90401 Nürnberg, Tel. 0911/9593538, www.sternwarte-nuernberg.de | ÖPNV Straßenbahn 8, Haltestelle Tafelwerk, Bus 45, Haltestelle Bismarckschule, U2, Haltestelle Schoppershof | Öffnungszeiten Fr, Sa je nach Jahreszeit ab 19 Uhr (Sept.–Mai) oder ab 22 Uhr (Juni–Aug.) | Tipp Wer von der Sternwarte nach Süden geht, kommt zur Grünanlage am Rechenberg, die von der Stadt zuletzt aufpoliert wurde; dort befindet sich auch der sehenswerte Philosophenweg, der nicht zuletzt an Ludwig Feuerbach erinnert, der hier von 1860 bis 1872 lebte.

93 Die Straße der Menschenrechte

Magna Charta der Humanität zwischen dem GNM

Der Weg zu Kunst und Geschichte, sprich in die Schatzkammer des Germanischen Nationalmuseums mit seinen 1,3 Millionen Objekten, führt über die Straße der Menschenrechte. Die Stadt, die mit ihrer nationalsozialistischen Erblast zu kämpfen hat, beschloss in der Ära Schönlein (SPD-Oberbürgermeister von 1987 bis 1996) sichtbare Zeichen gegen die Verstrickung ins braune Gedankengut: Ein Nürnberger Menschenrechtspreis, der alle zwei Jahre an verdienstvolle Bürgerrechtler vergeben wird, wurde ins Leben gerufen, das Dokumentationszentrum Reichsparteitagsgelände geplant und ein Wettbewerb für eine Straße der Menschenrechte ausgeschrieben. Das überzeugendste Konzept lieferte der israelische Künstler Dani Karavan. Schnurgerade verläuft seine Säulen-Straße am Erneuerungsbau des Germanischen Nationalmuseums vorbei. Sie unterteilt den GNM-Komplex, der 1852 als Reaktion auf die 1848 gescheiterte Einheit der Kulturnation Deutschland erbaut wurde, in einen neueren und einen älteren Abschnitt. Keine Kunst, keine Kulturgeschichte, keine nationale Sammlung ohne Beachtung der Menschenrechte: Das ist die Botschaft. Sie sind das oberste Paradigma.

An 27 hellen Betonpfeilern, zwei Bodenplatten, einer Säuleneiche und dem Tor am Eingang ist eine Art Magna Charta des menschlichen Zusammenlebens entstanden. An jeder Säule findet sich einer der 30 Artikel der Menschenrechtserklärung der Vereinten Nationen von 1948 eingraviert, in Deutsch und einer anderen Sprache von Jiddisch über Kurdisch bis Spanisch. In einer bewegenden Feier wurde das Kunstwerk am 23. Oktober 1993 eingeweiht. Sein Appell geht in zwei Richtungen: in die Vergangenheit und damit an die Rolle Nürnbergs in der NS-Zeit, und in die Gegenwart und Zukunft als Mahnung, sich für die Einhaltung der Menschenrechte weltweit einzusetzen. Ein wichtiges, emphatisches Mahnmal.

Adresse Kartäusergasse 1, 90402 Nürnberg | ÖPNV U 2, Haltestelle Opernhaus | Tipp Im Stadtpark gibt es seit 2007 eine schrittweise erweiterte »Straße der Kinderrechte«, die auf eine kreative Art 10 der 54 Artikel der UN-Kinderrechtskonvention thematisiert, die 1989 verabschiedet worden war.

94 Das Theater Salz + Pfeffer

Die Puppen tanzen im alten »Kali«

Wer ins ehemalige »Kali« am Plärrer geht, taucht ein in Nürnbergs Geschichte. Es gilt als eines der ältesten Kinos der Stadt, das bereits 1919 seine Pforten öffnete und durchhielt bis in die 1990er Jahre, als auch in Nürnberg das große Kinosterben einsetzte. Große Häuser wie das Apollo, das Delphi und später das Atrium und das Museumskino mussten schließen. Weitere werden, das ist absehbar, folgen.

Das »Kali« (kurz für Kammerlichtspiele) freilich gibt es noch immer, wenn auch in veränderter Form. Es ist zum Puppentheater mutiert, mit einem Programm für Kinder am Nachmittag und einem für Erwachsene, das am Abend stattfindet. Das alteingesessene Theater Salz + Pfeffer, betrieben von Paul und Wally Schmidt, hat das Kino umgebaut, modernisiert und mit einem einladenden Foyer ausgestattet. Von 1997 bis 2008 waren auch Tristan Vogt und Joachim Torbahn mit im Haus, inzwischen treten sie hauptsächlich in der (größeren) Tafelhalle auf oder geben Gastspiele »auf der ganzen Welt«, wie es heißt. Beide arbeiten auch als Dozenten an namhaften Akademien. (Vom famosen Puppenspieler und studierten Germanisten Tristan Vogt stammt übrigens auch die Titelzeile dieses Ortes, die auf Fränkisch so viel wie »Aus dem Leben gegriffen« heißt.)

Zurück zum »Kali«. Ehe die Leinwand dunkel blieb, hatte man einen legendären Erfolg: 460 Wochen war der Kultfilm »The Blues Brothers« zu sehen. Viele Einheimische konnten sich gar nicht mehr vorstellen, dass da je etwas anderes gespielt würde. Als es dann doch so weit war, gingen im Kino auch schnell die Lichter aus.

In seiner Substanz jedoch blieb der denkmalgeschützte fünfgeschossige Sandsteinquaderbau, zwischen 1902 und 1904 errichtet, als Beispiel des Nürnberger Neoklassizismus erhalten. Mit seinem Walmdach, dem Zwerchgiebel, den Dach- und Sandstein-Erkern mit abgeschrägten Ecken ist er auch eine städtebauliche Perle.

Adresse Frauentorgraben 73, 90443 Nürnberg-Tafelhof | **ÖPNV** U 1, U 2, U 3, Straßenbahn 4, 6, Bus 34, 36, Haltestelle Plärrer | **Öffnungszeiten** Abendkasse: bei Gruppenvorstellung 30 Minuten, ansonsten 1 Stunde vor Vorstellungsbeginn | **Tipp** Es ist ein Katzensprung zur Stadtmauer. Unten im Stadtgraben kann man am Rand der Altstadt entlanglaufen.

95_Der Tierfriedhof

Jackys letzter Gruß

Auf den ersten Blick denkt man an einen Zwergenfriedhof. So klein und possierlich wirken die Gräber, die rings um einen Baum herum gruppiert sind. Ausgesprochen gepflegt wirkt die Einrichtung, die es seit November 1989 gibt. Der Tierschutzverein hatte damals die Idee durchgesetzt, vis-à-vis vom Tierheim einen Tierfriedhof anzulegen. Nicht zuletzt mit dem Argument, dass Halter von Hunden, Katzen und anderen Haustieren eine pietätvollere Alternative zur Tierkörperbeseitigungsstelle bekommen sollten. Keine billige Sache, denn zwischen 390 und 525 Euro kostet – je nach Größe des Tieres – ein Grab für fünf Jahre. Hinzu kommen 238 bis 338 Euro für Dienstleistungen bei der Bestattung plus die Grabtafel aus Holz.

In einem der rund 200 Gräber liegt seit dem 9. Oktober 2015 Jacky. »Dem Auge fern, dem Herzen nah«, steht auf einem Täfelchen mit Kreuz, flankiert von zwei Engelchen, einem Plüschhasen, drei Knuddeltieren und zwei Bällen, mit denen sich der Vierbeiner offenbar gern vergnügte. Elfeinhalb Jahre vorher hatte hier das Herrchen oder Frauchen einen Hund mit gleichem Namen begraben. Die Gestaltung spricht dafür, dass Jackys letzter Gruß ein wichtiger Trost ist. Kein Wunder, dass die meisten Gräber nach fünf Jahren verlängert werden.

Normalsterblichen bietet der Tierfriedhofsbesuch eine kleine Forschungsreise in die Tiefen der menschlichen Psyche. Worten wie »In Liebe« oder »Danke für alles« begegnet man häufig. Manche reimen ein paar Zeilen, stellen Bilder auf oder bepflanzen den Ort der Trauer mit Gänseblümchen, Rosen oder einer Thuja-Hecke im Bonsai-Format. Ob sie Dascha, Felix, Bello, Molly, Richy, Poldi oder eben Jacky hießen: Diese Hunde oder Katzen haben Herzen erobert, vor allem die von Frauen, die hier klar in der Mehrzahl sind. Sie waren treue Gefährten und auf ihre Art wohl verlässlicher als Menschen. Diese Botschaft ist irgendwie berührend.

Adresse Stadenstraße 149, 90491 Nürnberg-Erlenstegen, Tel. 0911/9198941, www.anubis-tierbestattungen.de/tierfriedhof/nuernberg | **ÖPNV** Bus 46, 49, Haltestelle Martha-Maria-Krankenhaus | **Öffnungszeiten** Mo–Fr 9–18 Uhr | **Tipp** Das Tierheim in der Stadenstraße 90 hat bis auf Montag temporär geöffnet. Tierfreunde können mit Hunden Gassi gehen, zudem werden Haustiere vermittelt (Tel. 0911/919890, E-Mail: info@tierheim-nuernberg.de).

96 Der Tiergarten

Nao tanzt im Bionicum

Wenn man in den Tiergarten reinkommt, befinden sich rechts das Giraffenhaus und sein Außenbereich, wo die erste von sieben Stationen des »Bionischen Rundgangs« ist. Hält man sich davor links und geht an den Kängurus vorbei, so landet man alsbald im »Bionicum Ideenreich Natur« im Naturkundehaus. Verteilt auf acht Themenbereiche, kann man im Obergeschoss sehen, hören und fühlen, was die Natur besser kann als die Technik.

Die Bionik ist eine junge Disziplin mit viel Experimentierfreude und einem reichen Anschauungsmaterial, das sie sich von den Tieren und ihren Angewohnheiten abgeschaut hat. Überspitzt könnte man sagen, sie ist eine Abendschule für den begriffsstutzigen Homo sapiens und versucht Phänomene aus der Natur für technische Innovationen zu nutzen. So etwa den Selbstreinigungseffekt der Lotosblätter, die Art und Weise, wie mühelos Eidechsen durch den Sand »schwimmen« oder Kraniche am elegantesten durch die Lüfte kommen. Letzteres war für die Entwicklung der Luftfahrt von unschätzbarem Wert, während die Leichtbauweise der Giraffenknochen Modell für die Konstruktion des Eiffelturms stand.

Unbestrittener Star ist Nao. Der Laufroboter ist nur 58 Zentimeter groß (etwa ein Neuntel einer Netzgiraffe) und 4,3 Kilogramm schwer, aber er kann (fast) alles. Tanzen, bei Menschen an der Hand laufen, ein Gedicht aufsagen. »Nao ist kein bionisches Produkt«, sagt Alexandra Lang vom diensthabenden Bayerischen Landesamt für Umwelt, »aber sein Bewegungsablauf ist der Natur abgeschaut.« Besonders die Kinder sind von seinen Fertigkeiten begeistert.

Den bionischen Rundgang kann man buchen oder zu einer Unterrichtsstunde der besonderen Art nutzen. Danach wird man einen aufmerksameren Blick für die Tierwelt, aber auch für die künstliche Intelligenz haben. Und verwandte Wesensmerkmale zwischen einem Laufroboter und einem watschelnden Pinguin entdecken, die verblüffend sind.

Adresse Am Tiergarten 30, 90480 Nürnberg | ÖPNV Straßenbahn 5, Bus 45, Haltestelle Tiergarten | Öffnungszeiten täglich 9–17 Uhr | Tipp Gleich hinter dem Tiergarten beginnt der weitläufige Zerzabelshofener Forst, wo es viele Wanderwege gibt und der Schmausenbuckturm normalerweise von Anfang Mai bis Ende September zum Besichtigen einlädt.

97 Der Tiergärtnertorplatz

Nürnbergs gute Stube

Er ist Nürnbergs schönster Platz, im Herzen der Altstadt gelegen, mit Blick hinauf zur Burg. Viel Fachwerk, Kopfsteinpflaster, der mittelalterliche Ziehbrunnen, die Linde mit der Bank und dem dichten Blätterdach, die Stadtmauer, das Dürer-Haus, die Bratwurstlokale an allen Seiten. Hier lässt es sich prächtig verweilen, vor allem seitdem die beiden Cafés ihre Pforten geöffnet haben. Direkt in die Mauernischen hinein sind sie geschlüpft, das »Café im Atelier« und das »Café Wanderer«, von dem man sagt, hier gebe es den besten Kaffee in der ganzen Stadt.

Es ist ein uriges Kleincafé geworden, das »Wanderer«, das seinen Namen einem nicht sehr berühmten Maler verdankt: Friedrich Wilhelm Wanderer. Er hat sie alle auf einem Panoramagemälde verewigt, die großen Nürnberger Künstler, Dürer, Wohlgemuth und wie sie alle hießen. Gleich zweimal kann man es sehen, im Eingangsbereich über dem Kaffeeautomaten und zwischen den Holzbalken an der Decke im Nebenraum.

Da sitzt man dann, rührt in seinem Milchkaffee und schaut auf den Platz hinaus. Viele kommen in der Mittagspause hierher, mischen sich unter das Touristenvölkchen, lesen Zeitung oder ein Buch oder tun gar nichts. Letzteres geht nicht überall, im Café Wanderer geht es. Wie auch im gleich anschließenden »Bieramt«. Auch da gibt es Tische und Stühle vor dem Lokal. Auch da kann man einfach nur sitzen und die Zeit vergehen lassen. Nicht jede Stadt bietet diesen Luxus.

Sein Satyrspiel hat der Platz freilich auch. Es ist der glotzende Hase im hinteren Bereich, die Dürer-Persiflage von Jürgen Goertz. Als sei sein letztes Stündchen gekommen, liegt er da, erschöpft, den Kopf auf dem Boden, ein bedauernswerter Geselle. Die Leute lassen sich gern mit ihm fotografieren. Die monströse Hässlichkeit, das Totgeweihte, das hat was. Es ist ein böser Scherz, den sich die Nürnberger da in die gute Stube geholt haben!

Adresse 90402 Nürnberg-Altstadt | **ÖPNV** Bus 36, 94, Haltestelle Rathaus | **Öffnungszeiten** Café im Atelier: Do–Di 9:30–17 Uhr, Sa, So 10–17 Uhr; Café Wanderer: 1. März–30. April und 1. Nov.–31. Dez. Di–So 10–19 Uhr, 1. Mai–31. Okt. täglich 10–24 Uhr | **Tipp** Im Museumsshop gegenüber dem Dürer-Haus findet man auch Ungewöhnliches zu Leben und Werk des Meisters.

98 Das Totengräberhäuschen

Rettungsaktion am Friedhof

2007 schlug die evangelische Kirchengemeinde Alarm. Das 1529 errichtete Totengräberhäuschen auf dem kleinen Friedhof an der Bartholomäusstraße war in einem so maroden Zustand, dass es von Grund auf saniert werden musste. Unter der Leitung von Pfarrer Hannes Ostermayer machte sich die Gemeinde an die Mammutaufgabe. Der zweigeschossige Halbwalmdachbau mit Dachreiter, der im Erdgeschoss Sandsteinmauern hat, im Obergeschoss und im Nordgiebel verputzt ist und am Südgiebel ein Fachwerk aus dem 17. Jahrhundert besitzt, sollte unbedingt erhalten werden. Handelt es sich doch um das älteste bestehende Gebäude in Wöhrd, das als einzigartig in Bayern gilt.

Es hatte den Zweiten Markgrafenkrieg, den Dreißigjährigen Krieg und auch den Zweiten Weltkrieg heil überstanden. Noch in den 1970er Jahren wohnte hier ein Bestatter. Nötige Maßnahmen an Statik, Mauerwerk, Haustechnik, Dach und nicht zuletzt die Schadstoffbeseitigung ließen die Kosten auf über 600.000 Euro ansteigen. Erst als 2017 die Finanzierung gesichert war, konnten die Arbeiten nach Plänen des Fürther Architekturbüros Conn und Giersch beginnen. Die Hälfte bezahlte der Freistaat Bayern über den Entschädigungsfonds, den Rest beglich die Gemeinde durch Rücklagen und Spenden.

Es war letztlich ein langer Weg, bis das Wöhrder Totengräberhäuschen aufpoliert war. Seit Sommer 2019 leuchtet das kräftige Lachsrosa an der Fassade wieder. Das Türmchen ist gesichert, das Dach neu gedeckt, das Fachwerk aufpoliert, Böden und Decken sind originalgetreu restauriert und alle Innenwände wieder trocken. Im Erdgeschoss ist die Friedhofsgärtnerei zurückgekehrt, und im wunderbar hellen Raum darüber ist Ende November 2023 eine Dauerausstellung des Stadtarchivs über die Bestattungskultur und die Ortsgeschichte des Wöhrder Friedhofs eingezogen. Dienstag bis Freitag von 10 bis 16 Uhr geöffnet. Sollte man gesehen haben.

Adresse Bartholomäusstraße 44, 90489 Nürnberg-Wöhrd, Tel. 0911/536130 | ÖPNV Straßenbahn 8, Haltestelle Deichslerstraße | Öffnungszeiten April – Sept. Mo – Sa 8 – 19 Uhr, So und Feiertage 8 – 18 Uhr, Okt., Nov., Feb., März Mo – Sa 8 – 17 Uhr, So und Feiertage 8 – 17 Uhr, Dez., Jan. Mo – Sa 8 – 16.30 Uhr, So und Feiertage 8 – 16.30 Uhr | Tipp Unterhalb des Wöhrder Friedhofs befindet sich in der Veilhofstraße der 2013 fertiggestellte Neubau des Landeskirchlichen Archivs. Der würfelförmige Stahlbetonbau mit der Kupferfassade wurde nach Plänen der Hamburger Architekten Gerkan, Marg und Partner (gmp) errichtet und besitzt 4.860 Quadratmeter Magazinfläche in sieben Stockwerken.

99_Die Trödelmarktinsel

Gondeln, Boutiquen und ein unehrenhafter Beruf

Sie ist der vielleicht romantischste Platz in der Stadt: die Trödelmarktinsel. Autofrei, entschleunigt, nicht übermäßig laut, selbst wenn viele Touristen in der Stadt sind. Bestückt mit einem Café direkt an der Pegnitz und reizvollen kleinen Läden, wo Schmuck, Brillen, Wolle, Taschen und Spielsachen ebenso winken wie Mode, Kunst, Wein, Blumen, Espressobohnen oder schicke Einrichtungsgegenstände, ist sie eine Oase im Zentrum der Stadt. Hier kann man sich einfach hinsetzen und eine Kleinigkeit essen und schauen oder einkaufen oder alles nacheinander.

Die Liebesinsel nebenan, zwischen zwei Flussarmen gelegen, ist nicht zuletzt bei jungen Leuten beliebt. Sie ist ebenfalls ein schöner Platz, auch wenn der Name falsche Erwartungen wecken könnte. Denn auf dem spitz zulaufenden Rasenstück mit den üppigen Weiden werden die Freuden der Liebe nicht wirklich gepflegt, dafür ist sie zu gut einsehbar. Paare lassen sich hier an wärmeren Tagen aber schon gern nieder im Gras, ziehen die Schuhe aus und schauen auf die Fleischbrücke, die nicht zufällig an ihr berühmtes Vorbild, die Rialtobrücke in Venedig, erinnert. Und sie warten darauf, dass eine der drei Gondeln anlegt, Nürnbergs aparte Referenz an die Partnerstadt Venedig. Mitten in Nürnberg ist man hier und doch ganz woanders.

Am anderen Ende des Trödelmarkts sind übrigens Henkersteg und Henkerturm. Hier wohnte in früheren Zeiten der Scharfrichter. Da sein Handwerk in der Stadt aber als »unehrlich« galt, wurde er auf die Insel in der Pegnitz verbannt. Man wollte mit ihm nichts zu tun haben. Ein literarisches Denkmal wurde ihm freilich in Martin Walsers Theaterstück »Das Sauspiel« gesetzt, das auf historischen Fakten beruht und für das der Autor öfter zur Recherche in Nürnberger Archiven war. Liebe, Tod und warmer Apfelstrudel auf der Café-Terrasse: Was braucht der Mensch mehr, um sich inspiriert zu fühlen?

Adresse Trödelmarkt, 90402 Nürnberg-Altstadt | ÖPNV Bus 4, Haltestelle Rathaus | Tipp Jedes Jahr findet beim Altstadtfest im September auf der Pegnitz neben der Fleischbrücke das Fischerstechen statt, bei dem der Gegner aus dem Ruderboot bugsiert werden muss.

100 Der U-Bahnhof Rathenauplatz

Verblüffendes Kunststück im Untergrund

»Radauplatz«, sagen Nämbercher gern zum Rathenauplatz. Was nicht abschätzig gemeint ist, sondern damit zu tun hat, dass der Ort zu den Verkehrsachsen gehört, an denen es richtig laut zugeht. Auf bis zu zehn Spuren fließen die Fahrzeugströme vorbei, dazwischen rattert die Straßenbahn. Unerschütterlich thront am Nordwestrand der Laufer Torturm, während etwas abwärts die »Sebalder Höfe« wohlgeformte Akzente setzen. Das große Highlight am Rathenauplatz lauert trotzdem nicht über der Erde, sondern im Untergrund. Und das seit Herbst 1990, als die U-Bahn-Station fertig wurde.

Es war die Zeit, als Nürnberg mit viel Stolz auf seine »Pegnitzpfeile« bei den U-Bahnhöfen den Mut zu Neuem entwickelte. Einheimische Künstler wurden mit der Gestaltung betraut. Beim Rathenauplatz kam Gregor Hiltner zum Zug, der mit Computerhilfe zwei riesige Köpfe auf die beiden Bahnsteigwände bannte. Zum einen den von Walter Rathenau, dem deutschen Außenminister und Friedensnobelpreisträger, den Rechtsradikale 1922 ermordeten; zum anderen den von Theodor Herzl, dem österreichisch-ungarischen Schriftsteller, der im 19. Jahrhundert die Gründung eines jüdischen Staats forderte.

Das Verblüffende: Wenn man 15 Sekunden mit der Rolltreppe nach unten fährt, erkennt man die vorderen Gesichter genau, am Bahnsteig werden sie jedoch in die Länge gezogen und immer abstrakter, während der Kopf dahinter Konturen annimmt. Anamorphose heißt die Technik aus der Renaissance, die Hiltner mit einer Million Fliesen auf 13 Meter Länge wiederbelebt hat.

»Denken heißt vergleichen«, besagt ein Rathenau-Zitat, das als Impuls zum Verständnis des Werkes an der Wand steht. Viele Fahrgäste rasen täglich daran vorbei, ein paar stolpern aber vielleicht drüber und fangen mit dem Nachdenken an. Schön wär's.

Adresse Rathenauplatz, 90489 Nürnberg-Altstadt | ÖPNV U 2, U 3, Straßenbahn 8, Bus 36, Haltestelle Rathenauplatz | Öffnungszeiten täglich circa 5–1 Uhr | Tipp Der U-Bahnhof Hohe Marter, die vorletzte Station der U 2 in Richtung Röthenbach, ist auch einen Besuch wert. Dort wurde der 292,80 Meter hohe Fernmeldeturm, der nebenan steht, am Bahnsteig zweimal in die Horizontale gekippt – in einer Tag- und einer Nachtversion.

101 Der Weinmarkt

Wo Goethe nächtigte und Autos nerven

Am Weinmarkt war einmal das erste Haus am Ort: das »Rote Ross«, das weit über Nürnbergs Stadtgrenzen hinaus bekannt war. 1570 konnte man im Gästehaus bereits 24 Personen und 50 Pferde beherbergen. Heute noch stehen an der Fassade von Weinmarkt 12a die Namen von Berühmtheiten, die hier nächtigten. 1787 war es der französische Flugpionier Blanchard anlässlich seiner 28. Ballonfahrt, die hier gestartet wurde; Kaiser Leopold II. und Johann Wolfgang von Goethe waren 1790 ebenso zu Gast wie später die Könige Ludwig I. (1828) und Maximilian II. (1849) sowie Fürst Metternich 1839.

Zentral neben der Sebalduskirche gelegen, prägen bis heute prächtige Kaufmannshäuser die Straßenzeile. Die Architektur reicht oft bis ins Mittelalter zurück, wurde aber später mit Elementen aus Renaissance und Barock angereichert. Viele Gebäude findet man in der Denkmalschutzliste, und die ausführlichen Beschreibungen zeigen, dass stilistische Veränderungen bis ins 19. Jahrhundert zu durchaus stimmigen Ergebnissen führten. Nach 1945 wurden die meisten original wiederaufgebaut.

Gut 100 Jahre davor, als der Hauptbahnhof vor dem Frauentor eröffnet wurde, verlor der Weinmarkt schlagartig seine Übernachtungsgäste und an Bedeutung. Und das änderte sich in den folgenden Jahrzehnten nicht. Es war zum Weinen: Trotz kreativer Läden, Szenekneipen (wie das Café Sebald) und gehobener Gastronomie (Essigbrätlein) litt dieser Teil des Burgviertels unter der fehlenden Aufenthaltsqualität, weil der Straßenraum von Autos besetzt war.

Um die Lage zu verbessern, begann im Frühjahr 2020 eine zweijährige Probephase als Fußgängerzone. Außer Verkehrsschildern ließ die Stadt fünf zweistufige Holzpodeste aufstellen, die Sitzplätze ohne Konsumzwang bieten und zugleich renitente Autofahrer stoppen sollten. Es hat geklappt, das Konzept hat sich bewährt – seit Ende Juli 2023 gilt die Verkehrsberuhigung auf Dauer. Großer Beifall!

Adresse Weinmarkt, 90403 Nürnberg-Altstadt | ÖPNV U 1, Lorenzkirche, Bus 36, Weintraubengasse | Tipp Vom Weinmarkt ist es ein Katzensprung bis zum Eingang zu den Historischen Felsengängen in der Bergstraße 19 (Tel. 0911/221570).

102 Der Westfriedhof

Gefühlvoll eingepasst

Wer geht schon gern auf Friedhöfe? Normalerweise macht man einen Bogen um die Ansammlung von Grabsteinen. Wobei der Westfriedhof allein aus historischen Gründen einen Besuch wert ist. War er doch 1880 der erste kommunale Friedhof in Nürnberg. Seine Fläche wuchs mit der Zeit von 16 auf 39 Hektar, und die Zahl der Grabstellen stieg von 9.500 auf gut 40.000. Da die Stadt ab 1905 mit dem Südfriedhof eine zweite Einrichtung anlegte, wurde der Central- in Westfriedhof umbenannt, wo 1913 das erste Krematorium Bayerns in Betrieb ging.

Dass 98 Jahre später eine bauliche Attraktion hinzukam, hatte mit der alten, neoklassizistischen Trauerhalle zu tun, die saniert werden musste. Die Friedhofsverwaltung engagierte den Architekten Günther Dechant, der schon zuvor beim Hotel »Schindlerhof« in Boxdorf und bei mehreren Kindergarten- und Kirchenumbauten zeigte, was subtil komponierte Baukultur bewirken kann. Beim Westfriedhof hat er lange nachgedacht und im zentral gelegenen Karree viel zum Guten verändert.

Gefühlvoll eingepasst ist die neue Trauerhalle, die Ende 2011 eröffnet wurde. Der rechteckige Kubus aus Glas und nacktem Sichtbeton steckt voller Feinheiten, die nirgends himmelschreiend, nirgends zu Tode betrübt wirken. Helle Farben dominieren, auch beim Holz der Bänke. Von links gelangt Tageslicht durch Glaselemente in den leicht abschüssigen Raum. Da das Brunnenbecken draußen oft verstopft war, wurde es im Sommer 2020 durch eine lange schwarze Steinplatte ersetzt, deren Oberflächenstruktur verblüffend an sanft fließendes Wasser erinnert.

Gelungen ist auch der Platz zwischen den Trauerhallen. Mit länglichen Sitzbänken, einem kleinen Glockenturm und viel Raum zum Innehalten. Bei der alten Trauerhalle hat Dechant überzeugend die historische Bausubstanz aufpoliert und zeitgemäße Akzente gefühlvoll integriert. Freunde von guter Architektur gehen inzwischen gern auf den Westfriedhof.

Adresse Schnieglinger Straße 154, 90425 Nürnberg-St. Johannis, Tel. 0911/3747333 | ÖPNV Straßenbahn 6, Bus 35, 38, 39, Haltestelle Westfriedhof | Öffnungszeiten täglich 8–20 Uhr | Tipp Auf dem Westfriedhof befinden sich seit 2011 auch sechs Künstlergräber und – wie auf anderen Friedhöfen auch – spezielle Urnenfelder. Am Südfriedhof gibt es im nördlichen Teil einen Urnenhain unter Ginkgobäumen.

103 Der Willy-Brandt-Platz

Der große Sitzende

Da sitzt er nun, das linke Bein über das rechte geschlagen, Körper und Kopf leicht schräg nach rechts geneigt, den Blick auf das Pressehaus der »Nürnberger Nachrichten« gerichtet. Kein Geringerer als der Friedensnobelpreisträger, frühere Bundeskanzler und SPD-Chef Willy Brandt hockt im dunkelgrauen Anzug am Rand einer Bank ohne Lehne und scheint sich wohlzufühlen. Es wirkt, als nähme er einen seiner berühmten »Ja, abäää r«-Sätze in den Mund. Keine Frage, dieser Willy ist eine Schau, auch wenn es sich um eine leicht überlebensgroße Bronzeplastik handelt, die der Bildhauer Josef Tabachnyk geschaffen hat.

Im November 2009 ist sie zentral im nördlichen Bereich des Willy-Brandt-Platzes aufgestellt worden, wo sie für wunderbare Szenen sorgt. Leute lehnen sich lesend an seine Schulter oder fotografieren ihn begeistert. Da gibt es ein leises »Servus« oder einen Klaps auf die Schulter. Sogar eine Rose wurde ihm schon in die Hand gesteckt. Im Winter bekam er eine dicke Wollmütze auf den Kopf gesetzt oder in Corona-Zeiten eine rote Maske um Mund und Nase gebunden. Ja, es ist eine soziale Plastik par excellence, die zur Kirschblüte von einer Baumgruppe rosa angehimmelt wird und im Sommer schon mal ein paar Fontänenspritzer von nebenan abbekommt.

Als der Marienplatz 1993, ein Jahr nach Brandts Tod, umbenannt wurde, wollte die Stadt nicht nur den berühmten Sozialdemokraten ehren, sondern auch das öde Areal rund um den Omnibusbahnhof aufhübschen. Architektonisch und städtebaulich kam wegen tausend Sachzwängen nur ein mittelmäßiger Wurf heraus. Durch den großen Sitzenden ist aus der rechteckigen Fläche doch noch eine runde Sache geworden. Und es passt gut zu Willy Brandt, dass die rote Nürnberger Parteizentrale einen Kilometer entfernt hinter dem Hauptbahnhof liegt. Etwas Sicherheitsabstand für den Freigeist, dessen »Mehr Demokratie wagen« eine Verpflichtung für den Platz sein sollte. In Form einer »Speaker's Corner« – das wär's!

Adresse Willy-Brandt-Platz, 90402 Nürnberg-Gleißbühl | ÖPNV U 1, U 2, U 3, Straßenbahn 5, 7, 8, Bus 43, 44, Haltestelle Hauptbahnhof, Bus 340, Haltestelle ZOB | Tipp An der Ecke Marien-/Badstraße hängt die aktuelle Ausgabe der »Nürnberger Nachrichten« rund um die Litfaßsäule, aus, links neben der Tür ins Pressehaus findet man hinter Fensterglas Seiten der »Nürnberger Zeitung«. Um die Ecke trifft man in der Badstraße das »kicker«-Sportmagazin im Schaukasten.

104 Die WiSo

Ein Thinktank mit Tradition

»Aller Anfang ist schön!« Das war das Motto der WiSo im Jahr 2019, als sie mit einem attraktiven Kulturprogramm ihren 100-jährigen Geburtstag feiern konnte. Im alten Ludwig-Erhard-Kerngebäude in der Findelgasse unmittelbar an der Pegnitz (der Neubau befindet sich in der nordöstlichen Altstadt in der Langen Gasse 20) wurde eigens ein Jubiläumsbüro eingerichtet, eine Zeitschrift mit über 40 Seiten und prominenten Gratulanten aus nah und fern gedruckt, darunter sogar ein Grußwort vom Fürther OB Thomas Jung. Denn immer, wenn die Rede von der WiSo in Nürnberg ist, geht der Blick in die Nachbarstadt, weil ihr namhaftester Absolvent Ludwig Erhard ist. Der gebürtige Fürther war in den 1950er Jahren Wirtschaftsminister der damals noch jungen Bundesrepublik und später als Nachfolger von Konrad Adenauer im Kanzleramt. Erhard blieb Fürth bis zu seinem Tod eng verbunden, im dortigen Ludwig-Erhard-Zentrum wird das Leben des »Mannes mit der Zigarre« aufgeblättert.

Auch eine Gedenktafel an der WiSo erinnert an den »Vater des Wirtschaftswunders« und der sozialen Marktwirtschaft.

Und doch ist die WiSo inzwischen viel mehr als Erhard. Vor allem ist sie mit ihren über 6.000 Studierenden die Nürnberger Dependance der Friedrich-Alexander-Universität (FAU) in Erlangen. Eingegliedert wurde sie 1961, seitdem ist auch immer von der Universität Erlangen/Nürnberg die Rede. »Praxisnähe, Interdisziplinarität und Internationalität« nennt die WiSo, die in voller Schönheit Fakultät für Wirtschafts- und Sozialwissenschaften heißt, als ihre hervorstechendsten Vorzüge. Davon hat auch die Wirtschaft vor Ort profitiert. Die Gesellschaft für Konsumforschung (GfK) wäre ohne die WiSo im Rücken ebenso undenkbar wie die Datev mit ihrem Steuerabrechnungs-Angebot. Auch zu anderen Firmen vor Ort gibt es enge Kontakte. In der WiSo aber ist die soziale Marktwirtschaft in der Wiege gelegen.

Adresse Findelgasse 7–9, 90402 Nürnberg-Altstadt, www.wiso.rw.fau.de | ÖPNV U1, Bus 37, 46, 47, Haltestelle Lorenzkirche | Tipp Ein Spaziergang entlang der Pegnitz zur Insel Schütt lohnt sich.

105 Der Witzeautomat

Lachen für 20 Cent

Ein Witz zum Einstieg muss sein: »Wie nennt man einen unentschlossenen japanischen Krieger? Nunja.« Hahaha! 20 Cent hat er gekostet. Dafür bekommt man den Vierzeiler, in einer Plastikkapsel verpackt, auf einem gelben Zettel und von einem lachenden Clownsnasengesicht präsentiert. Wie kugelförmige Kaugummis kann man den Witz rausdrehen. Ein herrliches Gefühl, das an Kindertage erinnert und schon deshalb den Witzeautomaten in Erlenstegen so wertvoll macht.

Der Kabarettist Oliver Tissot hat den Kasten im Sommer 2018 an der Ecke seines ehrwürdigen Herrenhauses aufgehängt, in dem er seit 2003 wohnt. Der Auslöser war – ohne Witz! – ein abgezwickter Blitzableiter. Deshalb suchte der Hausherr nach Ersatz an der Stelle des Sandsteingebäudes und kam auf die Idee mit dem Witzeautomaten. Was kein völliger Zufall war, denn der studierte Designer und Soziologe verdient nicht nur seinen Lebensunterhalt mit pfiffigen Pointen, sondern hat über das Thema »Gewinnbringendes Lachen? Humor als Humanfaktor zur Erreichung von Unternehmenszielen« 2009 erfolgreich promoviert.

Via Internet ersteigerte er einen alten Kaugummiautomaten, strich ihn rot-weiß an und füllte ihn mit seiner Frau Johanna mit 200 Witzekapseln. Richtig Furore machte die Weltneuheit aber erst nach einem TV-Bericht, dem ein lautes Medienecho folgte. Seitdem pilgern Kindergartengruppen und Grundschulklassen ebenso wie Seniorenheimbewohnerinnen hierher, um sich mit Witzen einzudecken. Sogar Eckart von Hirschhausen meldete sich bei Tissot, weshalb erste Kinderkliniken ähnliche Automaten besitzen, wo Gratiswitze für Therapie-Erfolge winken. »Lachen ist gesund«, steht passend über dem Prototypen in der Günthersbühler Straße, der im Winter mit Weihnachtswitzen gefüttert wird – in Kooperation mit einer Behindertenwerkstatt. Eine schöne Geschichte. Darauf noch einen Witz: »Wovon träumen Katzen nachts? Vom Muskelkater.«

Adresse Günthersbühler Straße 15, 90491 Nürnberg-Erlenstegen | **ÖPNV** Straßenbahn 8 und R-Bahnen, Haltestelle Erlenstegen | **Öffnungszeiten** durchgehend | **Tipp** Oliver Tissot entwickelt ständig neue humoristische Projekte. Bis nach Veitshöchheim muss man allerdings fahren, um seinen Narr-Erholungs-Weg zu inspizieren, den Tissot zur Erforschung der europäischen Humorkultur mit Beispielen der 27 EU-Länder konzipiert hat. Deutlich näher liegt sein »WitzeWanderWeg«, der im mittelfränkischen Rohr seit Juli 2023 über 12 Kilometer und 20 Stationen verläuft – plus einem Witzeautomat, versteht sich.

106 Der Wöhrder See

Sandstrand, Strandgut, Söder-Bucht

Ohne ihn kann man sich Nürnberg nicht mehr vorstellen. Trotzdem wird der in den 1960er Jahren angelegte Stausee gern falsch schreiben. Weil Leute an den Wörthersee in Kärnten denken, der sechsmal so groß ist wie das Gewässer, das nach dem Stadtteil Wöhrd benannt ist. Als Freizeitgebiet braucht sich der Wöhrder See aber nicht zu verstecken. Erst recht nicht seit den Aufpoliermaßnahmen im Zuge der neuen »Wasserwelt«, die Markus Söder in seiner Zeit als bayerischer Umweltminister 2012 vorantreiben ließ und ihr bis heute verbunden ist.

Damals stand der See vor dem Umkippen, war völlig verschlammt und veralgt, weshalb allsommerlich eine »Mähkuh« anrücken musste. Das Konzept des Wasserwirtschaftsamtes hatte viele Hebel: In Höhe des »Wastl« kam der lang gezogene »Boulevardsteg«, am Südufer wurde ein Bachlauf renaturiert, nahe des Norikus-Wohnkomplexes trennte man per Damm eine Badebucht ab. Sie heißt im Volksmund »Söder-Bucht« und ist auch bei Gänsen sehr beliebt.

Der staatlichen Behörde gelang es zudem, die Stadt ins Boot zu holen, weshalb weitere Projekte entstanden. Die Kommune baute eine Umweltstation und einen Wasserspielplatz für Kinder auf der Südseite. An das Nordufer kam ein 300 Meter langer Sandstrand im Anschluss an das Jugendhaus Klüpfel und den Aktivspielplatz Wöhrder See. Am Rand wurden Fitnessgeräte und ein schickes Caféhaus gesetzt, in dem 2024 ein Pächterwechsel ansteht. Das inklusive »Strandgut«-Konzept ist nicht aufgegangen – anders als beim Café »Tante Noris am See« der Noris Inklusion unten im »Wastl«.

Nachdem mehrere Inseln und eine Fischtreppe fertig waren, verschwanden 2021 die letzten Baufahrzeuge. Seitdem kann man die 8,2 Kilometer lange Runde um den See wieder ohne Umweg joggen – vorbei am Windspiel mit den silbernen Stahlblechkugeln, das 1971 das »Symposium Urbanum« ans Südufer brachte. Einen Steinwurf neben dem Tretbootverleih.

Adresse zwischen Kressengarten- und Bartholomäusstraße, 90402 Nürnberg-Wöhrd | ÖPNV Straßenbahn 5, Haltestelle Tullnaupark (Südufer), Bus 43, 65, 95, Haltestelle Heinemannbrücke (Nordufer) | Tipp Am Südufer befindet sich das Freibad Bayern 07 und nebenan das Loni-Übler-Haus in der Marthastraße 60 – ein Kulturladen mit Folk-Club, Frauenkabarett, freien Theatergruppen und der lokalen Talk-Reihe »Zu Gast bei Loni«.

107 Die Wöhrder Wiese

Erfahrungsfelder bis zum Abwinken

Ab 20 Grad Celsius wird es voll, ab 25 Grad aber noch mal sprunghaft voller. Das hat mit der zentralen Lage am Ostrand der Altstadt zu tun. Anwohner, Studenten und Beschäftigte zieht es förmlich runter zu der Wöhrder Wiese – früh, mittags oder nach Dienstschluss. Die einen spazieren, andere joggen eine Runde um die lang gestreckte Landzunge. Wieder andere sitzen auf einer Bank am Rand oder liegen lesend bis dösend auf einer Decke, Sonne und frische Luft tankend in einem sinnlich ansprechenden Umfeld.

Manche verabreden sich auch im Wies'n-Biergarten, der hier seit 1991 eine feste Anlaufstelle zwischen Mai und September ist – vereint mit dem pädagogisch hochwertigen »Erfahrungsfeld zur Entfaltung der Sinne«. Diese Veranstaltung, vom Amt für Kultur und Freizeit mit Partnern organisiert, gilt als Aushängeschild, das alljährlich rund 80.000 Neugierige anzieht, sofern nicht ein Virus dazwischenfunkt.

Vormittags bevölkern vor allem Schulklassen und Kindergartengruppen den gut 90 Stationen starken Sinnesparcours am Pegnitzufer, der alle Jahre Neues zu bieten hat. Nachmittags probieren eher ältere Semester, wie man einen schwarzen Steinquader zum Klingen und eine Partnerschaukel zum Schwingen bringt. Oder wie man nackten Fußes höchst unterschiedlich geformte Untergründe erspürt. Es ist immer wieder ein Erlebnis!

Darüber hinaus gibt es auf der Wöhrder Wiese genug Platz für individuelle Erfahrungsfelder. Da wird mit Keulen jongliert, auf einer Slackline balanciert, Agroyoga zelebriert, Volleyball unter Bäumen gespielt, Einradfahren probiert und natürlich auch mal gefeiert, was Anwohner nicht immer freut. In der Regel läuft das Leben auf dem großen Rasenstück jedoch gesittet ab. »Jedem das Seine«, heißt das Motto, ohne jeden Verzehrdruck. Und deshalb ist es hier viel angenehmer als um die Ecke auf dem kommerziellen »Stadtstrand« zwei Minuten stadteinwärts auf der Insel Schütt.

Adresse Zugang über Prinzregentenufer, Badstraße, Adenauerbrücke oder Hintere Insel Schütt, 90402 Nürnberg-Wöhrd | **ÖPNV** U2, U3, Haltestelle Wöhrder Wiese | **Öffnungszeiten** Wiese jederzeit zugänglich, Erfahrungsfeld und Wies'n-Biergarten 1. Mai – circa Mitte Sept., weitere Infos unter www.erfahrungsfeld.nuernberg.de | **Tipp** Die »Kabine«, das ehemalige Umkleidegebäude am südostlichen Rand der Wöhrder Wiese (Vogelsgarten 11), wurde zu einer Café-Bar umgebaut, die auch als Eventlocation genutzt wird – nicht nur von den TH-Studenten von nebenan.

108 Der Z-Bau

Kreative Köpfe im Kasernenkomplex

Man schrieb das Jahr 1999. Die US-Army hatte die Merrel Barracks lange verlassen, das Bundesamt für Migration und Flüchtlinge war schon drei Jahre im Großteil der einstigen SS-Kaserne ansässig. Nur für den z-förmigen Kasino-Trakt gab es keine Nutzungsidee. Doch dann klopfte die Subkultur im Rathaus an. Neben der AG Zwischennutz, die zuvor LGA und LGB betrieben hatte, war es der seit 1976 in der Hinteren Cramergasse 15 angesiedelte Kunstverein, kurz KV. Beide brauchten neue Domizile, und die Stadt gab ihnen eine Chance.

Ein findiges Team baute im sogenannten Z-Bau ein Kulturzentrum auf, mit Ateliers, Biergarten, Disco, mehreren Podien und den Roten Salon. Der Laden brummte, aus dem Provisorium wurde eine Dauereinrichtung, was erhöhte Bauauflagen mit sich brachte. Während Zukunftskonzepte erstellt wurden, gab es interne Streitigkeiten. Am Ende zog die Kommune 2012 den Stecker – vor der langen Sanierungspause.

Erst im Oktober 2015 folgte der Neustart mit einer neuformierten Gesellschaft für kulturelle Freiräume, in der die Stadt Nürnberg, die Musikzentrale und der Kunstverein vertreten sind. Im aufgemöbelten Z-Bau, der sich als »Haus für Gegenwartskultur« versteht, ist der KV wieder im Erdgeschoss vertreten, Künstler kehrten nur vereinzelt zurück. Nach Tonstudio, Zirkuslabor, Urban Lab, Fahrradclub und Hausbrauerei sind viele junge Kreative eingezogen – ob mit Musik, Graffiti, Design oder als feministisches Kollektiv.

Arbeitsgruppen wurden gebildet, Spielstätten wiederbelebt, Werkstätten und das Nordgarten-Gemeinschaftsprojekt konzipiert. Und die Strukturen sind professioneller geworden: Um Haus, Konzerte und Kneipen kümmern sich rund 50 feste Kräfte und viele helfende Hände. Ende 2018 war die Sanierung ganz fertig, 14 Millionen Euro hat sie gekostet. Der große Saal für 1.000 Menschen und sieben Probenräume machen den Klinkerbau noch attraktiver.

Adresse Frankenstraße 200, 90461 Nürnberg-Hasenbuck, Tel. 0911/4334920, www.z-bau.com | ÖPNV Bus 65, Haltestelle Tiroler Straße | Tipp Nicht weit entfernt wird südlich der Brunecker Straße in den nächsten Jahren ein komplett neuer Stadtteil auf dem früheren Südbahnhof-Gelände entstehen – inklusive Wohnungen, Grünbereich und der neuen Universität.

109 Das Zeitungscafé Hermann Kesten

Leseglück, Quiche Lorraine, Weißwein

Gut, inzwischen bekommt man die »New York Times« fast an jeder Tankstelle in der Provinz. Das war nicht immer so. Lange Zeit musste man dafür entweder in den Hauptbahnhof, oder man ging ins Zeitungscafé, ziemlich weit hinten in der Stadtbibliothek. Dort suchte man sich einen Platz am Fenster, bestellte eine Quiche Lorraine und einen Weißwein, und los ging das Lesevergnügen: »NYT«, »Le Monde« oder, wenn man Glück hatte, »Le Point«, anschließend quer durch die deutschsprachige Zeitungslandschaft mit »Zeit«, »SZ«, »Neuer Zürcher«, dem Feuilleton der »FAZ« oder der erfrischend frechen »taz«. Zum Schluss dann noch ein tiefer Blick in die Heimatblätter. Schnell waren da zwei, drei Stunden um. Im Sommer, wenn man im lauschigen Innenhof saß, oft auch mehr.

Dort wurde man dann noch vom Mann mit Hut, dem Nürnberger Schriftsteller und Weltbürger, begrüßt. Die Plastik von Wilhelm Uhlig hat den Ruhelosen wunderbar eingefangen. Ihm und seinem Werk wird im Zeitungscafé ein Denkmal gesetzt, mit Fotos und Infos, aber auch mit gelegentlichen Lesungen. An die wenigen Begegnungen mit ihm in Nürnberg, wenn er gerade mal wieder zu Besuch war in seiner Geburtsstadt, erinnert man sich gern. So bei einer Podiumsdiskussion des Deutschen PEN-Zentrums im Kleinen Saal der Meistersingerhalle zum Thema Pornografie. Heinrich Böll und Alexander Mitscherlich saßen mit am Podium, dazu der bärtige Gerhard Zwerenz, doch Kesten war der Leidenschaftlichste und Frechste von allen. Ach ja, das waren noch Zeiten!

Beliebt ist das Zeitungscafé auch, weil es eine Oase der Ruhe mitten in der Stadt ist. Hier kann man relaxen, es wird kaum laut palavert, jeder ist in sein Blatt vertieft. Die Kommunikation ist auf ein niedriges Niveau heruntergeschraubt, der Konsumdruck gering, und die (selbst gebackenen) Kuchen sind gut. Mehr Zufriedenheit geht kaum.

Adresse Stadtbibliothek, Eingang Peter-Vischer-Straße 3, 90403 Nürnberg-Altstadt | **ÖPNV** U 1, Haltestelle Lorenzkirche, U 2, Haltestelle Wöhrder Wiese | **Öffnungszeiten** Mo, Di, Fr 11 – 18 Uhr, Do 11 – 19 Uhr, Sa 10 – 13 Uhr sowie bei Abendveranstaltungen | **Tipp** Der pittoreske Kreuzgang des Katharinenklosters im Innenhof ist ein Must-have-seen.

110 Die Zentralbibliothek

Herrliche Ein- und Aussichten

Nein, man kann sich den Aufschrei der Altstadtfreunde nicht mehr vorstellen, wenn man acht Jahre nach der Eröffnung vor der neuen städtischen Zentralbibliothek steht. Der moderne Komplex, der an Glas und Beton gewordene Büchertürme erinnert, ist vielleicht auch wegen seiner Statur ganz schnell von den Menschen akzeptiert und für gut befunden worden. Denn die miteinander verschachtelten Gebäudeteile verbinden Form und Funktion mit Format.

Über eine Drehtür und ein paar Stufen abwärts geht es ins großzügige Foyer, wo quasi alle Formalitäten digital erledigt werden. Man kann sich mit dem »Pressreader« durch die Zeitungswelt wischen oder das Modell für ein Denkmal zur Bücherverbrennung in Nürnberg bewundern, das der Künstler Botond, von dem noch mehr Werke im Haus stehen, aus Stahlblech geformt hat.

Schnell zieht es einen in den »Palast des Lesens«, wie der damalige OB Ulrich Maly 2012 bei der Eröffnung sagte, über ein grüngraues Treppenhaus nach oben. Belletristik und Lesesaal sind im ersten Stock, darüber die Musikabteilung, in der man Jahre verbringen könnte. Auch Schallplatten gibt es neuerdings wieder. Und wer vor dem Pop-Fundus steht, hat schnurstracks die Burg im Blick.

Neben der Einsicht, dass das Büro Baum-Kappler-Architekten trotz vielerlei Sachzwänge eine prima Hülle für fast 700.000 Medien geschaffen hat, gesellt sich die Begeisterung darüber, dass das Gebäude innen herrliche Aussichten bietet. Und Extras vom E-Piano zum Üben über das Ausstellungskabinett (mit Schätzen zu 650 Jahren städtischer Bibliothek in Nürnberg) bis zum Kicker für Jugendliche im »Raum Morlock«. Im dritten Stock ist das Paradies für Kinder, die sich in eine bunte Leselandschaft zurückziehen können. Dass die Baukosten am Ende von 24,5 auf 30 Millionen Euro gestiegen sind: geschenkt! Die Zentralbibliothek ist ein echter Leuchtturm in der Bildungs(campus)landschaft. Und das im doppelten Sinne an grauen, dunklen Wintertagen.

Adresse Gewerbemuseumsplatz 4, 90403 Nürnberg-Altstadt, Tel. 0911/2317565, www.nuernberg.de/internet/stadtbibliothek | ÖPNV U 1, Haltestelle Lorenzkirche, Bus 37, 46, 47, Haltestelle Heilig-Geist-Spital | Öffnungszeiten Mo–Fr 11–19 Uhr, Sa 11–16 Uhr | Tipp Die Stadtbibliothek hat neben der Zentrale auch noch sechs Stadtteilbibliotheken, vier Schulbibliotheken und zwei Bücherbusse.

111 Das Zumikon

Ein kulturelles Herzensprojekt

Manchmal stehen die Sterne günstig. Dann fügen sich Dinge trotz schwieriger Umstände, sodass eine tolle Idee doch realisiert werden kann. Das Zumikon in der Großweidenmühlstraße ist so ein Glücksfall. Das Herzensprojekt von Immobilienentwickler Volker Koch wurde im Herbst 1999 eingeweiht, der Sichtbetonbau mit drei Geschossen plus Penthouse sieht aber immer noch frisch und strahlend aus, wie neu. Das hat auch mit der stimmigen Komposition aus rechteckigen und quadratischen Formen zu tun, die vom vielseitigen Künstler und Architekten Max Bill stammen, der einst am Bauhaus in Dessau studierte.

Über den früheren Kunsthallen-Leiter Curt Heigl hatte es Koch geschafft, den weltweit gefragten Schweizer zu gewinnen. Dieser entwarf die Pläne und legte auch noch die Materialien fest. Es sollte aber sein letztes Projekt werden. Im Dezember 1994 verstarb Bill überraschend, sodass das Vorhaben auf der Kippe stand. Koch gelang es aber, dass ab 1995 zwei andere Schweizer Architekten den modernen Bauhausklassiker nach Bills Vorgaben verwirklichten.

Der Name Zumikon ist eine wohlklingende Verbeugung vor Max Bill, der viele Jahre im gleichnamigen Vorort bei Zürich lebte. Ambitioniert war anfangs das Kulturkonzept mit Lesungen, Konzerten, Künstlergesprächen, Galerieräumen, Restaurant und Künstler-Gästewohnungen. Widerstände von Nachbarn zwangen zu Veränderungen. Bis 2018 liefen aber quasi nonstop Ausstellungen, während sich mehrere Pächter an der Gastronomie versuchten.

Im September 2020 zog das »Johan« aus und das Architekturbüro SRAP ein. Ein Neustart im Zumikon, in dem Koch das Penthouse bewohnt, von wo aus man einen traumhaften Ausblick auf den Fluss und die Lorenzkirche hat. Mit 79 Jahren denkt der langjährige Chef von Kochinvest nicht ans Aufhören. Über die 2017 gegründete Zumikon-Kulturstiftung unterstützt er weiterhin Kreative aller Art. Auch so ein Herzensprojekt von ihm.

Adresse Großweidenmühlstraße 21, 90419 Nürnberg-St. Johannis | ÖPNV Straßenbahn 6, Haltestelle Hallerstraße, Bus 34, Haltestelle Großweidenmühlstraße | Tipp Im Umfeld des Zumikon gibt es mit der Galerie Röver und dem »Bernsteinzimmer« zwei Kunstorte, mit der »Pumpe« und dem Fahrradladen Lindenstraße zwei Fahrradläden sowie das feine Restaurant »Etage«.

1
Kriegsopfersiedlung
Thon
Kleinreuth hinter der Veste
Großreuth hinter der Veste
Wetzendorf
Schniegling
Gärten hinter der Veste
Muggenhof
Westfriedhof
Pegnitz
102
3
58
St. Johannis
46
41
Eberhardshof
111
40
83
Sebald
Kleinweidenmühle
86
Fürther Straße
85
6
74
17
31
Lorenz
Gaismannshof
Gostenhof
81
23
77
78
80
12
47
Sündersbühl
St. Leonhard
Steinbühl
14
Großreuth bei Schweinau
Sandreuth
Rabus
Schweinau
Gibitzenhof
Röthenbach
Main-Donau-Kanal
Gartenstadt

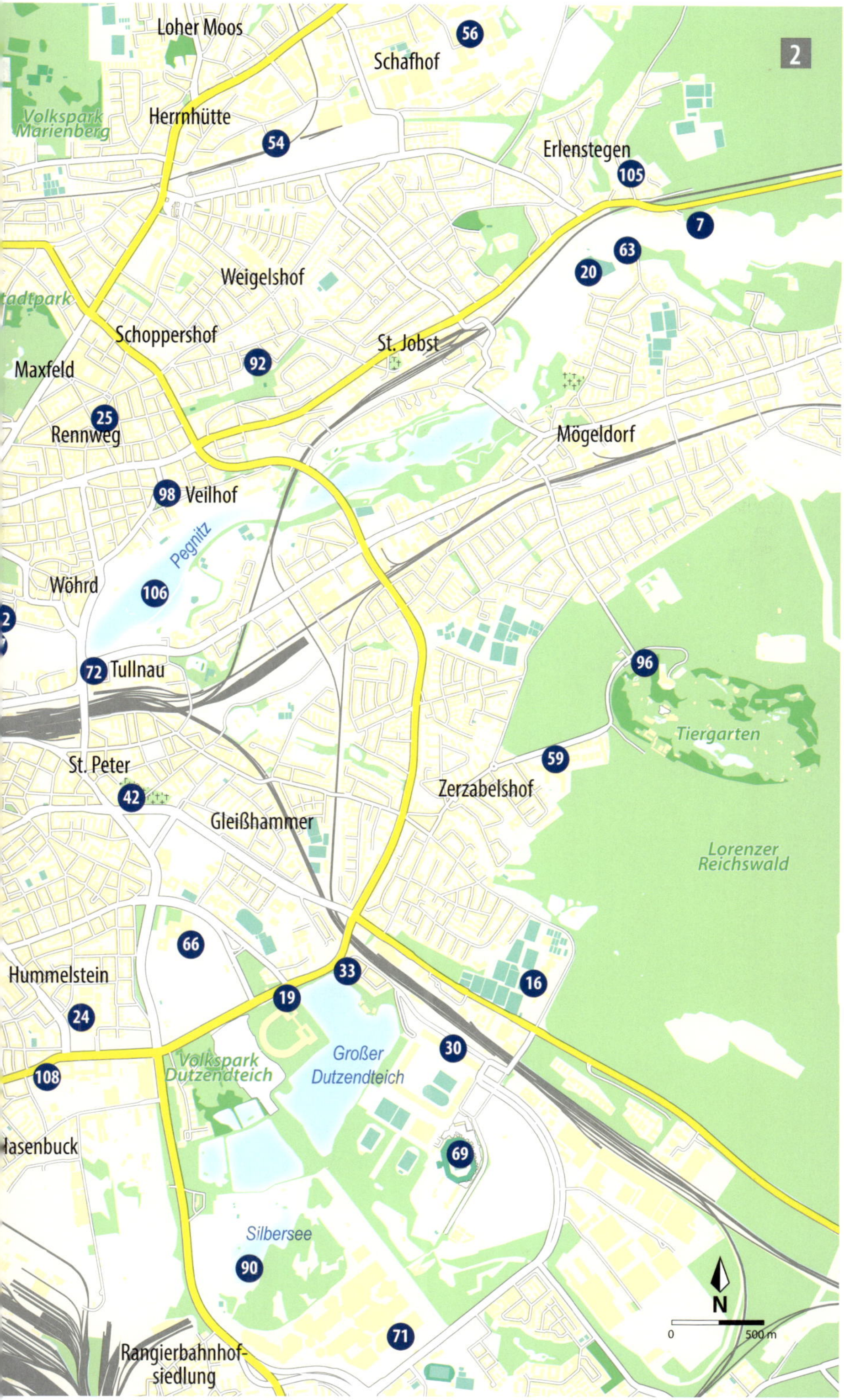

2
Loher Moos
56
Schafhof
Volkspark Marienberg
Herrnhütte
54
Erlenstegen
105
7
63
20
Weigelshof
tadtpark
Schoppershof
St. Jobst
92
Maxfeld
25
Rennweg
Mögeldorf
98
Veilhof
Pegnitz
Wöhrd
106
2
96
72
Tullnau
Tiergarten
59
St. Peter
Zerzabelshof
42
Gleißhammer
Lorenzer Reichswald
66
Hummelstein
33
16
19
24
30
Volkspark Dutzendteich
Großer Dutzendteich
108
lasenbuck
69
Silbersee
90
N
0
500 m
71
Rangierbahnhof-siedlung

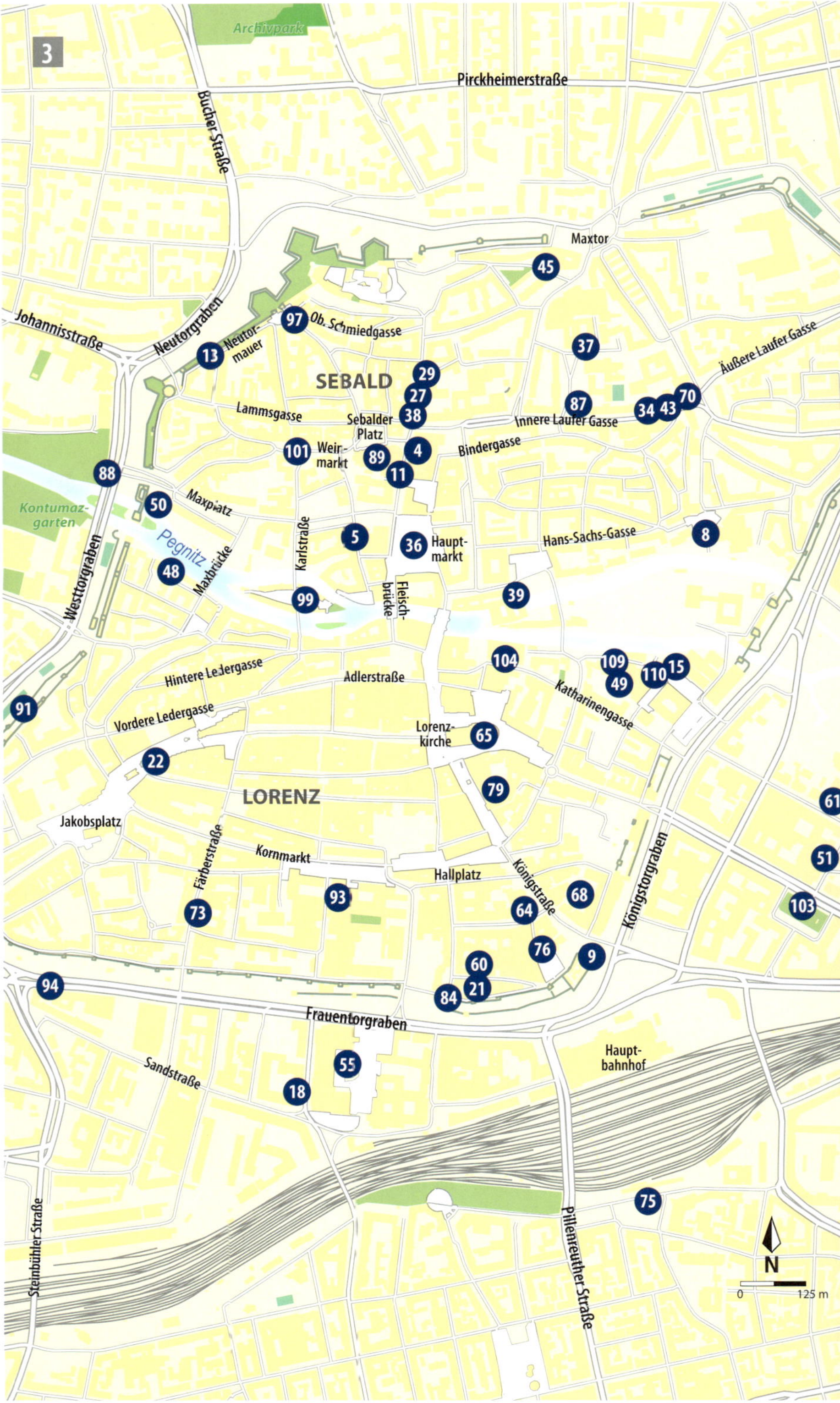
3
Archivpark
Pirckheimerstraße
Bucher Straße
Maxtor
Johannisstraße
Neutorgraben
Neutor-
mauer
Ob. Schmiedgasse
Äußere Laufer Gasse
SEBALD
Lammsgasse
Sebalder
Platz
Innere Laufer Gasse
Bindergasse
Weir-
markt
Maxplatz
Kontumaz-
garten
Pegnitz
Westtorgraben
Maxbrücke
Karlstraße
Haupt-
markt
Fleisch-
brücke
Hans-Sachs-Gasse
Hintere Ledergasse
Adlerstraße
Vordere Ledergasse
Katharinengasse
Lorenz-
kirche
LORENZ
Jakobsplatz
Färberstraße
Kornmarkt
Hallplatz
Königstraße
Königstorgraben
Frauentorgraben
Sandstraße
Haupt-
bahnhof
Steinbühler Straße
Pillenreuther Straße
N
0
125 m
45
97
37
13
29
27
38
87
34
43
70
101
89
4
11
88
50
5
36
8
48
99
39
104
109
49
110
15
91
65
22
79
61
51
103
93
68
73
64
76
9
60
21
84
94
55
18
75

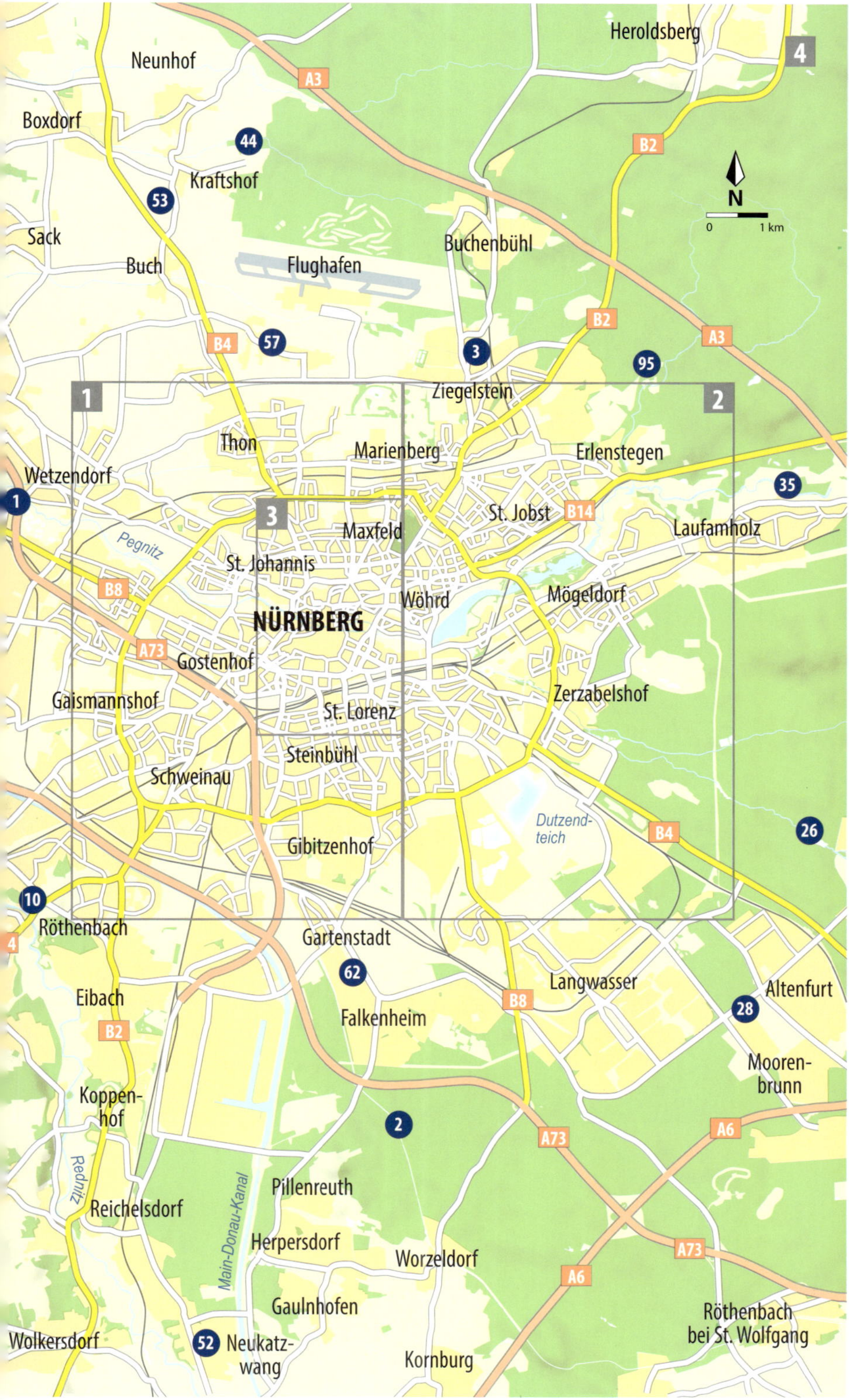

Heroldsberg
4
Neunhof
A3
Boxdorf
44
B2
Kraftshof
53
N
0
1 km
Sack
Buchenbühl
Buch
Flughafen
B2
B4
57
3
A3
95
Ziegelstein
1
2
Thon
Marienberg
Erlenstegen
Wetzendorf
35
1
3
St. Jobst
B14
Maxfeld
Laufamholz
Pegnitz
St. Johannis
B8
Wöhrd
Mögeldorf
NÜRNBERG
A73
Gostenhof
Zerzabelshof
Gaismannshof
St. Lorenz
Steinbühl
Schweinau
Dutzend-
teich
B4
26
Gibitzenhof
10
Röthenbach
4
Gartenstadt
62
Langwasser
B8
Altenfurt
Eibach
28
Falkenheim
B2
Mooren-
brunn
Koppen-
hof
2
A73
A6
Rednitz
Main-Donau-Kanal
Pillenreuth
Reichelsdorf
Herpersdorf
A73
Worzeldorf
A6
Gaulnhofen
Röthenbach
bei St. Wolfgang
Wolkersdorf
52
Neukatz-
wang
Kornburg

Jo Seuß
111 Orte rund um Nürnberg, die man gesehen haben muss
ISBN 978-3-7408-1730-5

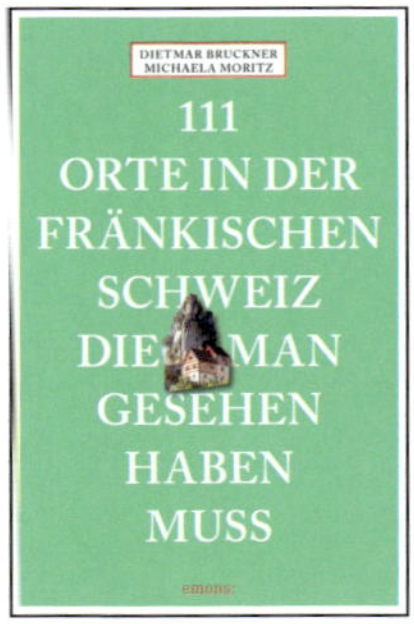

Dietmar Bruckner, Michaela Moritz
111 Orte in der Fränkischen Schweiz, die man gesehen haben muss
ISBN 978-3-7408-1089-4

Jo Seuß
111 Orte in Fürth und Erlangen, die man gesehen haben muss
ISBN 978-3-7408-0724-5

Fabian Brand
111 Orte in Oberfranken, die man gesehen haben muss
ISBN 978-3-7408-0992-8

Kerstin Söder
111 Orte im Fränkischen Seenland, die man gesehen haben muss
ISBN 978-3-7408-1072-6

Martin Droschke
111 Biere aus Altbayern und Bayerisch-Schwaben, die man getrunken haben muss
ISBN 978-3-7408-1069-6

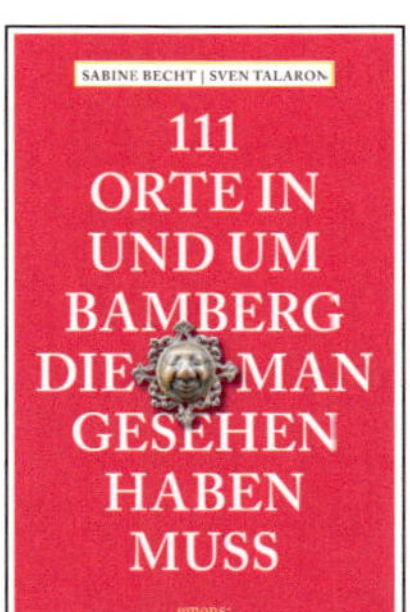

Sabine Becht, Sven Talaron
111 in und um Bamberg, die man gesehen haben muss
ISBN 978-3-7408-1186-0

Marko Roeske
111 Orte im Bayerischen Wald, die man gesehen haben muss
ISBN 978-3-7408-1690-2

Jochen Reiss
111 Orte im Fünfseenland, die man gesehen haben muss
ISBN 978-3-7408-1777-0

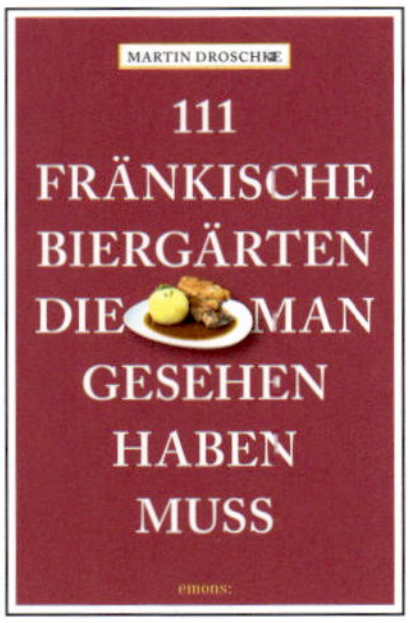

Martin Droschke
111 fränkische Biergärten, die man gesehen haben muss
ISBN 978-3-7408-1956-9

Sonja Silberhorn
111 Lost Places in der Oberpfalz, die man gesehen haben muss
ISBN 978-3-7408-1957-6

Cornelia Ziegler
111 Orte rund um München, die man gesehen haben muss
ISBN 978-3-7408-0437-4

Bernd Schinner,
René Rabenbauer
111 Orte im Fichtelgebirge, die man gesehen haben muss
ISBN 978-3-7408-0741-2

Eva Krötz
111 Orte im Oberpfälzer Wald, die man gesehen haben muss
ISBN 978-3-7408-0331-5

Oliver Ultsch, Pia Ultsch
111 Orte in und um Coburg, die man gesehen haben muss
ISBN 978-3-95451-923-1

Astrid Süßmuth
111 Almen und Hütten in Oberbayern, die man gesehen haben muss
ISBN 978-3-7408-1751-0

Rüdiger Liedtke
111 Orte in München, die man gesehen haben muss, Band 1
ISBN 978-3-7408-2126-5

Rüdiger Liedtke
111 Orte in München, die man gesehen haben muss, Band 2
ISBN 978-3-7408-1514-1

Textnachweis

Jo Seuß: Kapitel 1, 3, 5, 6, 7, 8, 12, 14, 17, 20, 21, 23, 24, 25, 26, 27, 28, 29, 32, 34, 35, 40, 41, 43, 45, 47, 49, 50, 54, 56, 57, 58, 60, 61, 62, 63, 66, 67, 68, 69, 70, 72, 73, 74, 75, 77, 78, 79, 80, 81, 82, 83, 84, 87, 88, 91, 92, 95, 98, 100, 101, 102, 103, 105, 106, 107, 108, 110, 111.

Dietmar Bruckner: Kapitel 2, 4, 9, 10, 11, 13, 15, 16, 18, 19, 22, 30, 31, 33, 36, 37, 38, 39, 42, 44, 46, 48, 52, 51, 53, 55, 59, 64, 65, 71, 76, 85, 86, 89, 90, 93, 94, 96, 97, 99, 104, 109.

Dietmar Bruckner, 1951 in Nürnberg geboren, arbeitet als Journalist und Sachbuchautor. Lange Jahre schrieb er für die »Nürnberger Nachrichten« und die »Nürnberger Zeitung«, später dann für »Die Zeit« und den »Rheinischen Merkur«. Seit einigen Jahren lebt er im Nürnberger Umland. Er ist auch Autor des Buches »111 Orte in Bayreuth und der Fränkischen Schweiz, die man gesehen haben muss«.

Jo Seuß, 1960 in Dillingen / Donau geboren, kam 1967 in Nürnberg, seit 2003 wohnt er in Fürth. Der Redakteur war über 35 Jahre für die »Nürnberger Nachrichten« tätig, seit Herbst 2020 arbeitet er freischaffend u.a. für die taz und den BR. Von ihm stammen auch die Bücher »111 Orte in Fürth und Erlangen, die man gesehen haben muss« und »111 Orte rund um Nürnberg, die man gesehen haben muss«.

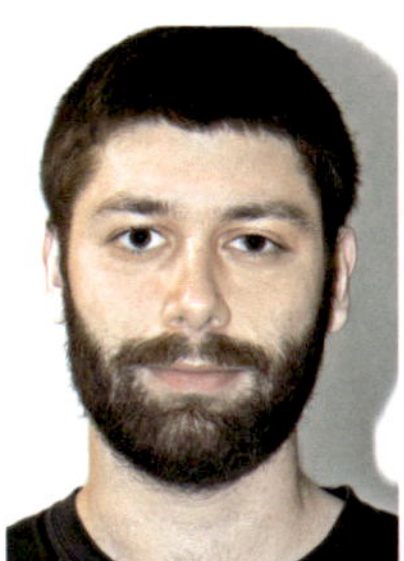

Valentin Seuß, 1994 in Nürnberg geboren, lernte die Stadt früh über das urbane BMX-Fahren kennen. Durch den Sport kam er auch zur Fotografie. In Hannover hat er Fotojournalismus und Dokumentarfotografie studiert. Er arbeitet als freier Fotograf, Kameramann und Cutter.